Kölner Stadt-Anzeiger

Die Bucket List für

Köln

201 Ideen, die du in Köln ausprobieren solltest

LEMPERTZ

Impressum

Math. Lempertz GmbH
Hauptstr. 354
53639 Königswinter
Tel.: 02223 / 900036
Fax: 02223 / 900038
info@edition-lempertz.de
www.edition-lempertz.de

Texte: Hendrik Wolff & Laura Liebeskind-Weiland
Layout/Satz: Ralph Handmann
Illustrationen: Ralph Handmann
Umschlaggestaltung: Sandra Burkert
Inhalte: Kölner Stadt-Anzeiger Medien
Lektorat: Hendrik Wolff & Laura Liebeskind-Weiland

Druck und Bindung: Print Consult GmbH, München
Printed and bound in Slovakia

ISBN: 978-3-96058-462-9

Kölner Stadt-Anzeiger

Die Bucket List für

Köln

201 Ideen, die du in Köln ausprobieren solltest

LEMPERTZ

INHALT

Vorwort 6

ESSEN & TRINKEN

5 Kneipen 8
5 Biergärten 10
5 Bars 12
5 Cafés 14
5 Eisdielen 16
5 Brauhäuser 18
5 Food Trucks 20
5 Restaurants 22

KUNST & KULTUR

5 Theater 26
5 Museen 29
5 Ausstellungen 32
5 Kirchen 35
5 spirituelle Erfahrungen 38
5 Kinos 41
5 Orte für Musik-Fans 44
5 Orte für Kunstliebhaber 46

KÖLN MIT KINDERN

5 Indoor-Aktivitäten 50
5 Outdoor-Aktivitäten 53

DER NATUR AUF DER SPUR

5 Gärten 57

5 Orte am Wasser 60

5 Parks 62

5 Orte draußen im Grünen 64

5 Naturschutzgebiete 66

FUN & FREIZEIT

5 Schwimmbäder 69

5 Seen 72

5 Wellness-Oasen 74

5 Sportangebote zum Mitmachen 76

5 Sportangebote zum Zuschauen 79

5 Zoos und Wildparks 82

5 Flohmärkte 84

5 Stadtführungen 86

TYPISCH KÖLSCH

5 Events rund um den 1. FC Köln 90

5 Karnevalssitzungen 92

5 Dinge für kölsche Jecken 94

5 Denkmäler 97

5 Plätze 99

5 kölsche Must-Do´s 102

5 Institutionen kölscher Kultur 104

5 Dinge rund ums Kölsch 106

5 Dinge rund um den Kölner Dom 108

Sondertipp: Divertissementchen 111

Köln ist Köln ist Köln ist Köln.

Köln ist.. ja, was hat Köln denn eigentlich neben den üblichen Verdächtigen sonst noch alles zu bieten?

Geht mit uns auf Spurensuche nach den beliebtesten Orten und besten Aktivitäten in Köln – von spannenden Geheimtipps über bekannte Klassiker bis hin zu skurrilen Kuriositäten präsentieren wir euch die ganze Bandbreite des Kölner Panoramas. Getreu der kölschen Weisheit findet hier also *jedes Dierche sing Pläsierche*.

Entdeckt die Schönheit der Rodenkirchener Riviera, die Geschichte hinter der Worringer Bierorgel und noch vieles mehr mit unseren 201 Tipps zu den Dingen, die jeder unbedingt in Köln gesehen oder gemacht haben sollte.

Und dazu wären wir ohne euch, liebe Leserinnen und Leser, niemals in der Lage gewesen. Wir möchten uns herzlich für eure tatkräftige Unterstützung und zahlreichen Einsendungen bedanken, die uns begeistert und inspiriert haben.

Gemeinsam mit euch konnten wir vom Kölner Stadt-Anzeiger und der Edition Lempertz dieses tolle Projekt auf die Beine stellen und haben an dieser Stelle noch eine letzte Bitte:

Sit esu joot un dot dat, erlebt Köln mit der Bucket List aus einer ganz neuen Perspektive!

Essen
& Trinken

5 *Kneipen,*

"LOMMI" LOMMERZHEIM

Wie könnte man authentischer in eine Bucket List über Köln reinstarten als mit dem legendären, urigen Lommerzheim? Richtig, ohne Lommi geht hier gar nichts! Unverwüstlich und nahezu unverändert existiert die Kölner Kult-Kneipe bereits seit 1959, ist in Zeiten des Wandels der kölsche Fels in der Brandung und genauso ein Original wie seine Gäste. Ein MUSS für jeden Kölner und alle, die es werden wollen!

Adresse: Siegesstraße 18, 50679 Köln
Infos: www.lommerzheim.koeln

in denen ihr (mindestens) ein Kölsch trinken solltet

PAPA JOE´S BIERSALON KLIMPERKASTEN

Im Klimperkasten lässt sich nicht nur gut ein Kaltgetränk genießen, sondern die Kneipe besitzt fast schon Museumscharakter: Das Lokal ist im Stil der 20er Jahre eingerichtet und präsentiert eine Sammlung mechanischer Musikinstrumente in ihrem historischen Umfeld – ob Orgel, Glas-Orchestrion oder das erste selbstspielende Tuba-/Akkordeonorchester der Welt, hier findet jeder die passende musikalische Untermalung für einen geselligen Kneipenabend. Zusätzlich werden auf der Kleinkunstbühne regelmäßig Chanson- und Kabarettveranstaltungen angeboten.

Adresse: Alter Markt 50-52, 50667 Köln
Infos: www.papajoes.de

BARBAROSSA SCHÄNKE

Die Barbarossa Schänke ist eine urgemütliche, traditionelle Kneipe im Brauhausstil. Kölsch und Flimm gehören hier zum Inventar und lassen sich entweder im großzügigen Innenraum oder bei gutem Wetter auch im Außenbereich genießen. Kurzum: Wer gerne im urigen Umfeld sein Kaltgetränk zu sich nimmt, ist hier absolut an der richtigen Adresse!

Adresse: Weyerstraße 73, 50676 Köln

EM SCHNÖRRES

Die coole Südstadt-Kneipe bietet ein lässiges Ambiente für ein gemeinsames Feierabendgetränk. Neben einer gut sortierten Bar findet man hier auch Live-Musik, Lesungen, Comedy und Ausstellungen. Bei dieser offenen und einladenden Atmosphäre stehen also allen die Türen offen – Kölsch-liebhabern genauso wie Künstlern und Kunstbegeisterten!

Adresse:
Dreikönigenstraße 3,
50678 Köln
Infos: www.schnoerres.de

DURST

Der (und nicht das!) Durst ist eine Kult-Kneipe, deren Name auf einem irischen Theaterstück und nicht auf dem brennenden Verlangen ihrer Gäste basiert. Durstig sind die Menschen und hier wird jeder Durst gestillt – ob Kölsch oder fassfrisches Guinness, spannende Geschichten oder einfach nur gute Gesellschaft, eins ist sicher: Wer einmal hier war, bekommt Durst nach mehr!

Adresse: Weidengasse 87, 50668 Köln

5 Biergärten,

BIERGARTEN RATHENAUPLATZ

Der Gastronomiepavillon wird von der Bürgergemeinschaft Rathenauplatz e.V. betrieben und gewann im Jahr seiner Eröffnung den Kölner Architekturpreis 2000. Die Einnahmen aus dem Biergarten dienen dazu, den Zustand des Rathenauplatzes zu erhalten und zu verbessern sowie Kindern Spielmöglichkeiten bieten zu können. Der ganze Ort ist sehr familienfreundlich, neben einem großen Spielplatz gibt es auch Wickeltische für die Kleinen. Insgesamt ein Rundum-Wohlfühl-Paket für einen Ausflug inklusive Erfrischungsgetränk im Biergarten.

Adresse: Rathenauplatz 30, 50674 Neustadt-Süd

TIPP UNSERER LESER

HYATT BIERGARTEN

„Mein Tipp ist der Biergarten beim Hyatt mit Blick auf Dom und Hohenzollernbrücke."

(Gerda Klein)

Eine Mischung aus mittendrin und Geheimtipp ist der Biergarten des Hyatt Hotels direkt an der Hohenzollernbrücke im Herzen Kölns. Für die tolle Lage und den fantastischen Blick auf das Rheinufer sind die Preise für Getränke sowie klassische Gerichte à la Flammkuchen erschwinglich. Hier herrscht Self-Service, was der ruhigen Atmosphäre des Biergartens gut tut.

Adresse: Kennedy-Ufer 2a, 50679 Köln

um das schöne Wetter und ein Getränk zu genießen

3 HAFENTERRASSE AM SCHOKOLADENMUSEUM

Weiter geht´s zum nächsten Hotspot der Biergarten-Szene: Die Hafenterrasse am Schokoladen-museum befindet sich nicht nur in unmittelbarer Nähe zu Kölns beliebtestem Museum, sondern auch direkt am historischen Malakoffturm, einem Überbleibsel der alten Rheinbefestigung. Die vielen Bäume im Biergarten spenden gerade an den warmen Tagen heißersehnten Schatten, der Blick auf das Rheinpanorama sorgt für Urlaubsatmosphäre mitten in Köln.

Tipp: Essen holt man sich nebenan beim Matrosen-Grill und es darf im Biergarten verzehrt werden.

Adresse: Am Schokoladenmuseum 1a, 50678 Köln

4 BIERGARTEN BLÜCHERPARK

In einem der schönsten Parks Kölns befindet sich natürlich auch ein mindestens genauso schöner Biergarten. Nach einem ausgiebigen Spaziergang entlang des Weihers oder einer kleinen Tour mit einem gemieteten Boot tun ein kühles Getränk und ein Snack im Bier-garten besonders gut. Gaffel Kölsch gibt es hier sogar frisch vom Fass. Der Blücherpark und sein Biergarten sind also immer eine gute Adresse, um die Freizeit draußen im Grünen und in geselliger Runde zu verbringen.

Adresse: Kahnstation am Blücherpark, Parkgürtel, 50823 Köln
Infos: www.bluecherpark.com

5 CLUB BAHNHOF EHRENFELD: SOMMERGARTEN

Der Club Bahnhof Ehrenfeld ist nicht nur für seine legendären Partys bekannt, sondern inzwischen auch für seinen kleinen, aber feinen Sommergarten. Ob ein Bier zum Feierabend, Longdrinks vor der Party oder die Limo zum Entspannen: Hier ist jeder willkommen, seine Zeit und sein Getränk zu genießen und an zahllosen Kulturveranstaltungen, Konzerten, DJ-Auftritten und Public Viewing-Events teilzu-nehmen. Ein weiteres Highlight ist der Maria-Maria-Foodtruck, der zum Sommergarten gehört und mit lateinamerikanischen Spezialitäten lockt. Einer von vielen Gründen, dem Biergarten des Club Bahnhof Ehrenfeld einen Besuch abzustatten!

Adresse: Bartholomäus-Schink-Straße 65/67, 50825 Köln
Infos: www.clubbahnhofehrenfeld.de

5 Bars,

1

BARFLY

Die BarFly ist eine trendige Cocktailbar, die sprichwörtlich alle Geschmäcker anspricht: saisonale Cocktails im klassischen und neu interpretierten Stil, zum Mitnehmen und als Bottled Cocktail für den Genuss zuhause oder als Geschenk und vor allem sensationelle Tastings. Geht auf Cocktail-Reise mit Ernest Hemingway oder probiert euch durch die besten Kreationen aus den beliebtesten Fernsehserien der letzten 50 Jahre!

Adresse: Kempener Straße 68, 50733 Köln
Infos: www.barfly-cologne.com

TIPP UNSERER LESER

2

BAR SEIBERTS

„Ich empfehle die wunderschöne Bar Seiberts im Herzen von Köln. Die Bar ist sehr gemütlich und der Innenhof im Sommer wunderschön. Die Preise sind gehoben – aber die Cocktails sind wirklich lecker und zum Teil kleine Kunstwerke. Man wird freundlich bedient und es ist ein ganz besonderer Platz für ganz besondere Anlässe!"

(Heidi Grönen)

Adresse: Friesenwall 33, 50672 Köln
Infos: www.seiberts-bar.com

in denen ihr euch einen Hocker sichern solltet

3 ZUM SCHEUEN REH

Das Scheue Reh ist der große Bruder des Schnörres (s. S. 9: 5 Kneipen) und eine Café-Bar mit tollen Drinks, ausgezeichneten Weinen und vor allem fantastischer Stimmung. Mit Reh-Live gibt es ein eigenes Konzertformat und von Mittwoch bis Samstag legen wechselnde DJ´s auf, um die Bar so richtig zum Kochen zu bringen. Außerdem gibt es einen großzügigen Außenbereich inklusive Bühne mit regelmäßiger Live-Musik. Also keine falsche Scheu und nichts wie los!

Adresse: Hans-Boeckler-Platz 2, 50672 Köln
Infos: www.zum-scheuen-reh.de

4 ROSEBUD

Das Rosebud ist eine stilvolle Bar, wie man sie sich nur wünschen kann: gemütliches Ambiente in gedämmtem Licht, leise Jazz-klänge zur musikalischen Untermalung im Hintergrund und tolle Cocktails, serviert auf dunklem Holzmobiliar. Zur Bar gehört auch ein wunderschöner Hinterhof, in dem man seinen hauseigenen Frozen Delhi (ein Cocktail-Traum mit Pistaziensirup und Basilikum) mindestens genauso gut genießen kann wie im Innenraum.

Adresse: Heinsbergstraße 20, 50674 Köln

5 HARRY´S NEW YORK BAR

Unglaublich, aber wahr: Kölns längste Theke steht nicht in einer Kneipe, sondern in Harry´s New York Bar! Gerade so ausreichend Platz, um die Gäste mit einem der 150 verschiedenen Cocktails zu verwöhnen und das am Wochenende sogar mit Live-Musik. Zum Sortiment gehören ebenso Longdrinks wie hochwertige Weine und Spirituosen. Und wer bei dieser grandiosen Auswahl nicht fündig wird, der bekommt auch hier sein wohlverdientes Bier.

Adresse: Pipinstraße 1, 50667 Köln

5 Cafés,

1 LITERATURCAFÉ GOLDMUND

Ein warmer Cappuccino auf dem Tisch, ein gutes Buch in den Händen, während die Regentropfen an die Fensterscheibe prasseln ... Was nach Rosamunde Pilcher-Romantik klingt, ist in Goldmunds Literaturcafé der wahrgewordene Traum eines jeden Literaturfans. Gemütlich inmitten von Büchern im Café sitzend oder draußen auf der Terrasse in guter Gesellschaft, schöner kann man seinen Kaffee kaum genießen!

Tipp: Das Café veranstaltet regelmäßig auch Lesungen und Konzerte.

Adresse: Glasstraße 2, 50823 Köln
Infos:
www.goldmundkoeln.de

TIPP UNSERER LESER

2 CAFÉ RIESE

„Mein Lieblingsort in der Rubrik ‚Essen & Trinken' ist das Café Riese auf der Schildergasse. Von außen vermutet man gar nicht, dass im hinteren Bereich noch so ein schönes und großes Café kommt. Es hat einen schönen Flair von früher, als es noch viel mehr Cafés gab, ist auf der anderen Seite aber auch modern. Die Gerichte sind traditionell, sehr lecker und normal im Preis. Ich liebe es, nach einem Stadtbummel dort eine Kleinigkeit zu essen, egal ob es herzhaft ist oder ein leckeres Stück Kuchen und guter Kaffee."

(Anke Korff)

Adresse: Schildergasse 103, 50667 Köln
Infos: www.caferiese.de

die mehr können als guten Kaffee

3 BASTIAN´S

Im Bastian´s wird noch traditionelles Backhandwerk der alten Schule betrieben. Keine Fertigmischungen, keine Konservierungsstoffe – nur der unverfälschte Genuss von echtem Brot und köstlichem Gebäck. Ach ja, der Kaffee schmeckt natürlich auch. Und eine kostenlose Vorführung der Backkunst wird auch noch dargeboten: Die offene Backstube zieht die Blicke vieler neugieriger Gäste und passionierter Hobbybäcker auf sich.

Tipp: Bestellt eine Suppe, die wird nicht mit, sondern IM Brot serviert!

Adresse: Auf dem Berlich 3-5, 50667 Köln
Infos: www.bastians-restaurant.de

4 THE LEMONADE STAND

Das amerikanisch angehauchte Café steht vor allem für eines: überragende Zimtschnecken. Selbstverständlich ist das nicht das Einzige, worauf sich der texanische Besitzer versteht: Hier könnt ihr euch durch diverse vegane Köstlichkeiten probieren, einen sündhaft guten Chocolate Chip Cookie genießen oder ein herzhaftes Süppchen schlürfen. Und dass es bei dem Namen auch eine hausgemachte Zitronenlimo gibt, versteht sich von selbst.

Adresse: Klarastraße 38, 50823 Köln
Infos: www.thelemonadestand.de

5 THE TASTY PASTY COMPANY

Last, but not least: Die britische Frühstückskultur ist und bleibt was ganz Besonderes und darf an dieser Stelle nicht einfach unerwähnt bleiben. Die Spezialität des Hauses sind unterschiedlich gefüllte Blätterteigpasteten aus Cornwall. Auch die typisch britischen Scones könnt ihr hier genießen. Abgerundet wird das British Breakfast natürlich stilecht mit einer Tasse Tee.

Adresse: Mauenheimer Straße 28a, 50733 Köln
Infos: www.tasty-pasty.com

5 Eisdielen,

SCHMELZPUNKT

Eisdiele der bekannten Pâtisserie TörtchenTörtchen und ein Muss für alle Gourmets – hier gibt es aromatische Sorbets mit besonders hohem Fruchtanteil und 100 % Geschmack statt künstliche Aromen!

Adressen:
Apostelnstraße 19, 50667 Köln
Merowingerstraße 9, 50677 Köln
Neusser Straße 312, 50733 Köln

bei denen ihr unbedingt ein Eis probieren müsst

TIPP UNSERER LESER

GELATERIA CAFETERIA SÜD

„Qualitativ hochwertiges und unfassbar leckeres Eis, bei welchem man jede Komponente heraus schmeckt. Das Eis wird nach italienischer Tradition hergestellt. Oro Verde ist meine absolute Lieblingssorte - leicht gesalzene italienische Pistazie mit Pistaziencreme und gehackten Pistazien."

(Carolin Smit)

Adresse: Mainzer Straße 77, 50678 Köln

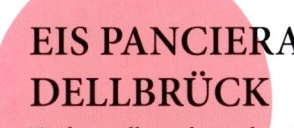

EIS PANCIERA DELLBRÜCK

Traditioneller italienischer Familienbetrieb mit Eissorten-Highlights wie Weißer Trüffel und Crema Siciliana. Buonissimo!

Adresse: Bergisch Gladbacher Straße 981, 51069 Köln

DER EISKNABE

Die Manufaktur setzt auf natürlichen Geschmack und Diversität, denn hier gibt es auch glutenfreie und vegane Sorten!

Adresse: Lilienthalgürtel 61, 50935 Köln

TIPP UNSERER LESER

EISLIEBE KÖLN

„Also für mein Veedel Zollstock, sollte auf jeden Fall das Eiscafé Eisliebe Köln rein. Seit nun zwei Jahren begeistern uns da die Eismacher mit neuen eigenen Kreationen, wie dem Kölsch Eis, Chips Eis und vieles mehr."

(Marina Kopper)

Adresse: Gottesweg 26, 50969 Köln

5 Brauhäuser,

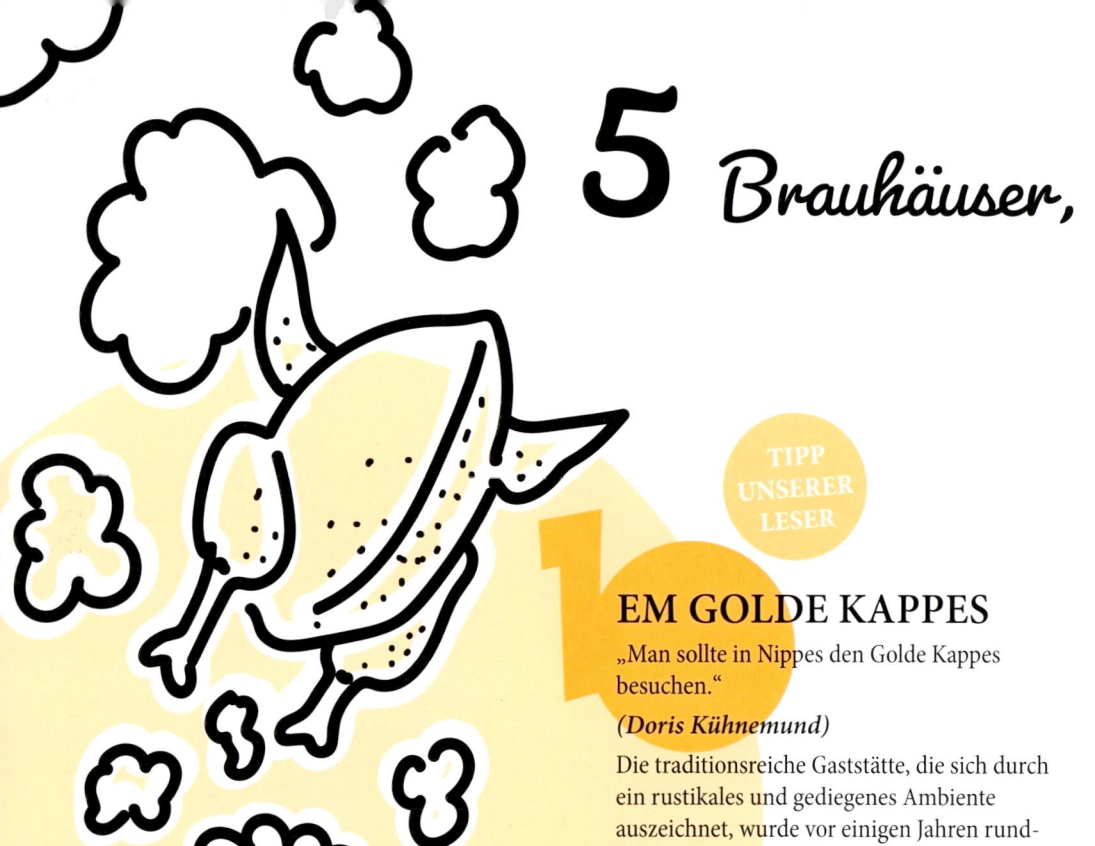

TIPP UNSERER LESER

1 EM GOLDE KAPPES

„Man sollte in Nippes den Golde Kappes besuchen."

(Doris Kühnemund)

Die traditionsreiche Gaststätte, die sich durch ein rustikales und gediegenes Ambiente auszeichnet, wurde vor einigen Jahren runderneuert und erstrahlt seitdem in neuem Glanz. Kölsche Klassiker und saisonale Gerichte können entweder im großzügigen Innenraum oder auf der schönen Terrasse mit 120 Sitzplätzen verzehrt werden. Dazu gibt es natürlich frisch gezapftes Früh Kölsch.

Adresse: Neusser Straße 295, 50733 Köln
Infos: www.emgoldekappes.de

2 BRAUHAUS OHNE NAMEN

Das Brauhaus ohne Namen erfährt allein schon wegen seiner (fehlenden) Namensgebung Kultstatus. Hier könnt ihr in geselliger Brauhausatmosphäre kölsche Delikatessen à la Halve Hahn und Kölsche Kaviar verzehren. Zu den Fußball-Live-Übertragungen oder beim Kickern empfehlen wir, ein gut gekühltes Gaffel Kölsch beim Köbes (niemals Kellner!) zu bestellen.

Adresse: Mathildenstraße 42, 50679 Köln

die original kölsche Küche servieren

EM KÖLSCHE BOOR

Das Veedelsbrauhaus Em Kölsche Boor überzeugt mit dem urigen Ambiente des Gastraums und einer hochwertigen, frischen und traditionellen Küche kölscher Art. Auch der Außenbereich lädt dazu ein, sein kühles Mühlen Kölsch in authentischer Umgebung unmittelbar an der historischen Eigelsteintorburg zu genießen. Zusätzlich stehen zwei Kegelbahnen zur Verfügung.

Adresse: Eigelstein 121-123, 50668 Köln

REISSDORF EM KEUCHHOF

Im Reissdorf em Keuchhof wird im besten Sinne kölsche Gemütlichkeit gelebt. Das Gut liegt mitten im Grünen, wurde bereits im 14. Jahrhundert errichtet und steht wegen seines historischen Charakters unter Denkmalschutz. Die wundervolle Umgebung lädt zum Verweilen ein, um bei einem Reissdorf Kölsch regionale und saisonale Gerichte zu genießen.

Adresse: Braugasse 12-14, 50859 Köln
Infos: www.reissdorf-keuchhof.de

KLEINE GLOCKE

TIPP UNSERER LESER

„Die Kleine Glocke in der Glockengasse.
Leckeres ehrliches Kölsch und gute Brauhausküche jenseits der Touristen in der Innenstadt."

(Ralf Strotmann)

Tipp: Neben verschiedenen kölschen Spezialitäten stehen jeden Dienstag die begehrten Reibekuchen mit Apfelmus auf der Tageskarte – unbedingt probieren!

Adresse: Glockengasse 58-60, 50667 Köln
Infos: www.kleine-glocke.de

5 Food Trucks,

1

RAPH´S BBQ

Hier bekommt ihr alles an hausge-
machtem amerikanischem Barbecue,
was das Herz begehrt – Pulled Pork
& Coleslaw oder der Peanut-Butter-
Bacon-Burger sind nur zwei der
zahlreichen kulinarischen Highlights. Buchbar als Catering für das
hauseigene Food Truck-Event!

Infos:
www.raphs-bbq-truck.de

2

FRANK LONG HOTDOGSCHMIEDE

Die richtige Adresse für Hotdogs in bester Qualität – bio,
selbstgemacht und vor allem einfach lecker! Sowohl Fleisch-
liebhaber als auch Veggies und Veganer kommen hier auf
ihre Kosten.

Adresse: Im Mediapark 7, 50670 Köln
Infos: www.franklong.de

die euch mit bestem Essen auf die Hand verwöhnen

3

REIBEKUCHEN HEINZ

„Seit mehreren Jahren gehe ich mit meiner Familie am Samstagmorgen in den Kölner Stadtwald. Dort steht auf der Kitschburger Straße Reibekuchen Heinz. Der Mann ist nicht nur ein kölsches Original, sondern macht vor allem sehr leckere Minireibekuchen. Jeden Samstag versprühen Reibekuchen Heinz und sein Team eine pure Lebensfreude mitten im Kölner Stadtwald und verkaufen dabei die leckersten Kartoffelplätzchen in ganz Köln. Für Kinder gibt es immer ein, zwei Rievkooche geschenkt - mit Capri-Sonne und Wasser (komplett kostenfrei)."

(Debbie Reiner)

Infos: www.reibekuchen-heinz.de

4

HEMPIES BACKMOBIL

Das erste vegane Backmobil in Köln mit köstlichen Frühstücks-Kreationen – das perfekte Ziel für alle Schokoschnuten. Bestellungen sind auch über den Onlineshop möglich.

Infos: www.hempies-vegan.de

5

WOCHENMARKT MEET & EAT

Am Rudolfplatz findet einmal wöchentlich der beliebte Wochenmarkt statt, auf dem man frische Lebensmittel und vor allem kreative Streetfood-Gerichte bekommt. Viele tolle Angebote verschiedenster Art, hier findet mit Sicherheit jeder sein kulinarisches Glück!

Adresse: Rudolfplatz, 50674 Köln
Infos: www.meet-and-eat.koeln

5 Restaurants,

PIZZERIA CAMINETTO

Die eine Frage, die wir uns wohl alle regelmäßig stellen, ist die nach der besten Pizza der Stadt und bei der Pizzeria Caminetto seid ihr mindestens sehr nah dran! Hier wird die Pizza ganz klassisch und traditionell im Holzofen zubereitet und überzeugt mit echtem italienischen Geschmack. Eure Pizza könnt ihr auf der einladenden Terrasse oder to go nebenan im Volksgarten verspeisen.

Adresse: Eifelstraße 36, 50677 Köln

die euch in fremde
kulinarische Welten einladen

20

OSHO´S PLACE

„Mein Lieblingsort in Köln ist das Restaurant Osho's Place. Eine Oase mitten in der Stadt, 2 Minuten entfernt vom Friesenplatz. Hier kann man im ruhigen Innenhof vegetarisch essen oder einfach einen Cappuccino genießen. Self Service eignet sich ganz wunderbar für eine entspannte Mittagspause oder einfach eine Pause vom Stadtbummel. Außerdem kann man im angeschlossenen UTA Institut stille, aber auch dynamische Meditationen ausprobieren."

(P. Leela Bechen)

Adresse: Venloer Straße 5-7, 50672 Köln
Infos: www.oshosplace.de

3

TAPEO & CO

Viva España! Tapeo & Co ist der wahrgewordene Tapas-Traum für alle Fans der spanischen Küche und der geselligen Esskultur. Das Restaurant hat neben einem vielfältigen Menü mit spanischen Spezialitäten auch eine eigene Cocktailbar zu bieten und in Kombination mit den köstlichen Tapas schmecken die verschiedenen Sangrias und Cavas gleich noch besser. Achtung: So lecker, dass es nicht mehr als Geheimtipp gilt, also vorher reservieren!

Adresse: Lindenstraße 38, 50674 Köln
Infos: www.tapeoundco.de

BAI LU NOODLES

Im Bai Lu Noodles könnt ihr euch von authentischer chinesischer Küche verwöhnen lassen. Ganz besonders ist hier die reduzierte Menüauswahl: Mit ausgewählten Hauptgerichten, einigen Kleinigkeiten wie Fleisch- und Gemüsespießen und drei Desserts (selbstgemachtes Matcha-Eis!) steht das Restaurant für Qualität statt Quantität und hebt sich so von der Konkurrenz ab. Ein Muss für alle Liebhaber echter chinesischer Spezialitäten!

Adresse: Palmstraße 41, 50672 Köln
Infos: www.bai-lu-noodles.business.site

TIPP UNSERER LESER

JAKOB´S GYROS

„Wer lieber eine Gyros Pita auf die Hand oder einen schnellen Snack braucht, der ist hier genau richtig. Für scharfe Liebhaber ist Mamas Chillisauce on top ein Muss!"

(Carolin Smit)

Adresse: Bonner Straße 41, 50677 Köln
Infos: www.jakob-gyros.de

5 Theater,

1

SENFTÖPFCHEN-THEATER

Das Senftöpfchen-Theater ist eine Kölner Institution im Herzen der Kölner Altstadt und besteht bereits seit 1959. Einen Ruf gemacht hat es sich als Talentschmiede für junge talentierte Künstler*innen, so standen in ihren Karriereanfängen u.a. Dieter Nuhr und Ingo Appelt im Senftöpfchen auf der Bühne. Das Programm beinhaltet sowohl Kabarett und Comedy als auch Konzerte, Lesungen und Bühnenshows, die kölsche Tradition humorvoll aufbereiten. Das Senftöpfchen spricht also ein breites Publikum an und steht ganz weit oben auf der Hitliste von Theaterliebhabern in und um Köln.

Adresse: Große Neugasse 2-4, 50667 Köln
Infos:
www.senftoepfchen-theater.de

in denen man mindestens eine Vorstellung gesehen haben muss

THEATER IN DER FILMDOSE

Das Theater in der Filmdose befindet sich tatsächlich in der Filmdose, einer Gaststätte im Universitätsviertel. In heimeliger Atmosphäre werden hier Stücke für das kölsche Publikum aufgeführt. Hier standen schon bekannte Größen der Szene wie Ralph Morgenstern und Dirk Bach auf der Bühne. Ein absoluter Geheimtipp für alle, die die familiäre Stimmung des Theaters zu schätzen wissen!

Adresse: Zülpicher Straße 39, 50674 Köln
Infos: www.filmdose-koeln.de

SCHAUSPIEL KÖLN

Schauspiel Köln ist natürlich eine feste Größe in der kölschen Theaterszene und verdient seinen Platz in dieser Liste mehr als zurecht. Mit einem abwechslungsreichen und anspruchsvollen Programm begeistert man hier das Publikum, sei es nun mit modernen Neuinterpretationen literarischer Klassiker, innovativem Tanzschauspiel oder auch organisierten Workshops wie zum Thema Sehen. Ein Muss, wenn man sich in die Kölner Theaterszene einlebt!

Adresse: Carlswerk,
Schanzenstraße 6-20, 51063 Köln
Infos: www.schauspiel.koeln

SCALA THEATER

Das Scala Theater, oder wahlweise auch das kölsche Lustspielhaus, steht mit seinem Namen garantiert für vill Gedöns, vill Tamtam un vill Musik! Das moderne Volkstheater auf dem Hohenzollernring und das glitterflitterjecke Scala-Theater-Ensemble präsentieren kölsche Kultur und Lebensfreude auf authentische Art und Weise. Mit seinem turbulenten und niemals langatmigen Programm begcistert das Scala Theater auch über die Kölner Stadtgrenzen hinaus. Das muss man gesehen haben!

Adresse: Hohenzollernring 48, 50672 Köln
Infos: www.scala.koeln

COMEDIA THEATER

Das COMEDIA Theater ist ein Kinder- und Jugendtheater mit Sitz im Kinderkulturhaus in der Alten Feuerwache der Kölner Südstadt. Durch staatliche Unterstützung hat sich das Theater zum "Zentrum der Kultur für Junges Publikum Köln und NRW" weiterentwickelt. So soll das Theater zur Anlaufstelle für junge Bühnenbegeisterte aller Richtungen werden. Neben Theateraufführungen und Veranstaltungen für junges Publikum finden hier auch Lesungen, Konzerte und Kabarett für Erwachsene statt. Das perfekte Ziel für Neugierige jeder Kultursparte und jeden Alters!

Adresse: Vondelstraße 4-8, 50677 Köln
Infos: www.comedia-koeln.de

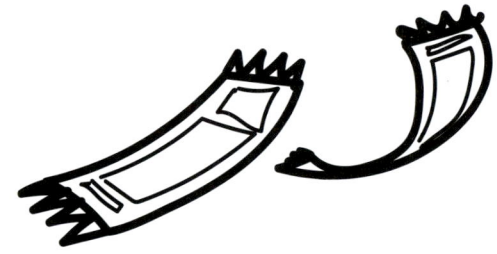

5 Museen, in denen Kultur zu Geschichte wird

1 MUSEUM FÜR OSTASIATISCHE KUNST

Das 1913 gegründete Museum für Ostasiatische Kunst ist eines der ersten und bedeutendsten seiner Art in Europa und präsentiert ein breites Spektrum an Kunstwerken aus China, Japan und Korea. Die Sammlung umfasst u.a. buddhistische Malereien, Farbholzschnitte sowie koreanische Keramik und Lackkunst. Zur Museumsanlage gehören außerdem ein wundervoller Japanischer Garten und ein Museumscafé mit Terrasse in bester Lage direkt am Aachener Weiher.

Adresse:
Universitätsstraße 100,
50674 Köln
Infos:
www.museum-fuer-
ostasiatische-kunst.de

20

DEUTSCHES SPORT & OLYMPIA MUSEUM

Unglaublich, aber wahr: In Köln dreht sich nicht alles um den einzig wahren FC. Denn es gibt in der Geschichte des Sports noch so viel mehr zu entdecken und vieles davon lässt sich hinter den Türen des Deutschen Sport & Olympia Museums bestaunen. Erlebt eine Zeitreise durch die Sportgeschichte von der griechischen Antike über die Anfänge der Turnbewegung in Deutschland bis hin zu deutschen Sport-Ikonen der Neuzeit wie dem legendären Basketballer Dirk Nowitzki. Mit verschiedenen dokumentarischen Kurzfilmen und Medienstationen wird der Besuch zu einem kurzweiligen, interaktiven Erlebnis.

Tipp: Auf dem Museumsdach befindet sich der höchstgelegene Sportplatz Kölns, hier könnt ihr auf zwei Kunstrasenplätzen selbst Fußball, Tennis oder Volleyball spielen!

Adresse: Im Zollhafen 1, 50678 Köln
Infos: www.sportmuseum.de

30

WALLRAF-RICHARTZ-MUSEUM

Wer sich unter einem Museum eine Sammlung alter und dennoch unvergessener Gemälde vorstellt, der ist hier genau an der richtigen Adresse. Im Wallraf-Richartz-Museum sind Malereien und Skulpturen vom Mittelalter bis zum Impressionismus beheimatet. Nicht zu vergessen ist die eindrucksvolle Barockabteilung, in der man u.a. Werke von Rubens und Rembrandt bewundern kann. Dem steht Deutschlands umfangreiche Sammlung impressionistischer und neoimpressionistischer Kunst natürlich in nichts nach, hier kann man sich Kunstwerke von Monet, van Gogh etc. ganz genau und in Ruhe anschauen. Kein Geheimtipp, aber umso mehr ein absolutes Muss für Liebhaber verschiedenster Kunstepochen!

Adresse: Obenmarspforten, Am Kölner Rathaus,
50667 Köln
Infos: www.wallraf.museum

4

KOLUMBA –
DAS KUNSTMUSEUM
DES ERZBISTUMS KÖLN

Das Kolumba vereint moderne Geschichte und historischen Hintergrund auf einzigartige Art und Weise. Die romanische Kirche St. Kolumba wurde 1945 fast vollständig zerstört und an genau diesem Platz wurde 2007 der Kolumba-Neubau eröffnet, der alle Überreste der Kirche in sein Gebäude integriert. Im Museum selbst befindet sich auch eine kleine Kapelle, aber hierzu an anderer Stelle mehr (s. S. 39: 5 spirituelle Erfahrungen). Nicht nur das Gebäude selbst, sondern auch seine Sammlung hauptsächlich religiöser und spiritueller Kunstwerke ist Ausdruck heiliger Zeitgeschichte. Eine einmalige Kombination aus Museum und Kirche, die nicht nur Gläubige in ihren Bann zieht.

Adresse: Kolumbastraße 4, 50667 Köln
Infos: www.kolumba.de

5

RÖMISCH-GERMANISCHES MUSEUM

Im Römisch-Germanischen Museum erlebt ihr eine Zeitreise ins Köln der Römerzeit! Zentral am Kölner Dom gelegen, präsentiert das Museum die historischen Wurzeln Kölns von der Urgeschichte bis zum frühen Mittelalter. Zu bestaunen gibt es hier u.a. das berühmte römische Mosaik mit Szenen aus der Welt des Dionysos sowie eindrucksvolle Sammlungen von römischen Gläsern und frühmittelalterlichem bis hin zu römischem Schmuck.

Achtung: Derzeit finden Renovierungsarbeiten im Museum statt, deshalb sind Teile der Ausstellung vorübergehend im Belgischen Haus am Neumarkt zu finden.

Adresse Römisch-Germanisches Museum:
Roncalliplatz 4, 50667 Köln
Adresse Belgisches Haus:
Cäcilienstraße 46, 50667 Köln

5 *Ausstellungen,*

TIPP UNSERER LESER

DIE PHOTOGRAPHISCHE SAMMLUNG/ SK STIFTUNG KULTUR

„Ein Ausstellungsjuwel, abseits der Innenstadt, ist die Photographische Sammlung der SK Stiftung Kultur im Mediapark. Wer sich auch nur ansatzweise für Fotografie interessiert, liegt nie falsch, eine der vielfältigen Ausstellungen zu besuchen.

Neben dem August-Sander-Archiv besitzt die Stiftung eine beeindruckende Sammlung von Fotografien, u. a. von Bernd und Hilla Becher, Boris Becker, Karl Blossfeldt, Walker Evans, Candida Höfer und Ruth Hallensleben. Und das ist wirklich nur ein kleiner Ausschnitt. Jeden ersten Montag im Monat Eintritt frei."

(Birgit Claßen)

Adresse: Im Mediapark 7, 50670 Köln

die man so nur in Köln zu Gesicht bekommt

20 MOTORWORLD KÖLN

Achtung, Motorsportfans: Auf dem ehemaligen Flughafen Butzweilerhof befindet sich auf einer Fläche von 50.000 qm ein lebendiger Treffpunkt für Automobilliebhaber. Vom Oldtimer über Raritäten und moderne Luxusautos bis hin zu verschiedenen Bikes und Motorrädern findet sich hier alles, was eure Herzen höherschlagen lässt. Eins der vielen Highlights ist die Dauerausstellung "Michael Schumacher Private Collection". Zu sehen sind hier Karts aus seiner Anfangszeit, Pokale und einige seiner Formel 1-Rennwagen.

Tipp: Nebenan steht die BattleKart Arena, hier könnt ihr in verschiedenen Modi selbst Gas geben und euch duellieren wie Mario & Luigi.

**Adresse: Butzweilerstraße 35-39, 50829 Köln
Infos: www.motorworld.de/koeln-rheinland**

3 GELDGESCHICHTLICHE SAMMLUNG

In der Kassenhalle der Hauptstelle der Kreissparkasse Köln wird auf anschauliche Weise in 25 exemplarisch ausgewählten Themenbereichen die Entwicklung der Menschheit im Spiegel ihres Geldes dargestellt. Hier befinden sich gut 2000 Ausstellungsobjekte, die geschichtliche und regionale Besonderheiten präsentieren. Dazu zählen u.a. Münzen aus der römischen und griechischen Zeit, aber vor allem auch exotische Geldformen aus China und Malaysia, afrikanisches Ring- und Salzgeld und eine zentnerschwere mühlsteinförmige Steinmünze von der Südseeinsel Yap. Zusätzlich werden in den Fenstern der Kreissparkasse zweimal jährlich wechselnde Ausstellungen zu ausgewählten geldgeschichtlichen Themen gezeigt.

Adresse: Neumarkt 18-24, 50667 Köln

4 NS-DOKUMENTATIONSZENTRUM

Das NS-Dokumentationszentrum ist gleichermaßen Ausstellungsort und Gedenkstätte und widmet sich in seiner Dauerausstellung den Hintergründen der Geschichte von Köln im Nationalsozialismus. In der ehemaligen Zentrale der Kölner Gestapo befinden sich diverse zeithistorische Exponate, die die nationalsozialistische Vergangenheit dokumentieren, erforschen und kritisch beleuchten. In weiteren Sonderausstellungen und Veranstaltungen wird das Themenfeld Nationalsozialismus pädagogisch vermittelt und aufgearbeitet.

Tipp: Das Zentrum bietet auch einen virtuellen 360°-Grad-Rundgang durch das gesamte Haus inklusive aller Ausstellungen an, eine tolle Alternative!

Adresse: Appellhofplatz 23-25, 50667 Köln

5 DEUTSCHES TANZARCHIV KÖLN

Das Deutsche Tanzarchiv Köln ist eins der weltweit größten Informations- und Recherchezentren zum Thema Tanz und archiviert unzählige Objekte, die im angrenzenden Tanzmuseum ausgestellt werden. In wechselnden Jahresausstellungen werden Ausschnitte aus der Geschichte des Tanzes dargestellt, die den Besuchern ermöglichen, ein Verständnis für die Entwicklung des Tanzes aus heutiger Perspektive zu gewinnen und einzelne Schicksale derer nachzuerleben, die ihr Leben der Musik gewidmet haben. Der Schwerpunkt liegt dabei auf der Tanzgeschichte des 18. bis 20. Jahrhunderts, die euch mit Fotografien, Skulpturen, Filmen, Kostümen und Requisiten nähergebracht wird.

Adresse: Im Mediapark 7, 50670 Köln

5 Kirchen, die man in Köln gesehen haben muss (und natürlich den Kölner Dom)

TIPP
UNSERER
LESER

ST. NIKOLAUS

„Ich möchte hiermit die Pfarrkirche St. Nikolaus in meinem Heimat- und Wohnort Köln-Dünnwald als äußerst sehenswertes Kultur-Denkmal vorschlagen. Sie ist älter als unser großer Kölner Dom und gehört zu den kleinen romanischen Kirchen."

(Rita Fischer)

Adresse:
Am Rosenmaar 1, 51061 Köln
Infos:
www.st-nikolaus-duennwald.de

2 GROSS ST. MARTIN

Die romanische Kirche liegt unmittelbar am Alten Markt und bietet mit seinem wunderschönen, grün bepflanzten Hof eine Insel der Ruhe im geschäftigen Treiben der Kölner Altstadt. Auch der Innenraum der Basilika aus dem 12. Jahrhundert ist mit seinen prächtigen Fenstern und der Hängekuppel äußerst sehenswert.

Tipp: Klein St. Martin ist genauso einen Besuch wert!

Adresse: An Groß St. Martin 9, 50667 Köln

TIPP UNSERER LESER

3 ST. GEREON

„Und dann ist da noch die romanische Kirche St. Gereon, eine der ältesten romanischen Kirchen Kölns, die zur Besinnung und Ruhe einlädt. Empfehlenswert ist u.a. jede Woche Mittwochmittag um 12.30 Uhr ein Mittagsimpuls: Orgel - Texte - Stille in 20 Minuten. Wie die Erfindung der Zahnpastatube, die Reise des Christoph Kolumbus oder die Umrundung des Mars in Ihre Mittagspause passen, können Sie hier herausfinden."

(Helga Tillmann)

Adresse: Gereonsdriesch 2-4, 50670 Köln
Infos: www.stgereon.de

4 ST. MARIÄ HIMMELFAHRT

Eine der größten Kirchen Kölns und Heimat der Italienischen Katholischen Gemeinde Köln, die hier ihre eindrucksvollen Gottesdienste feiert. Nachdem das Gebäude im Zweiten Weltkrieg fast bis auf das Mauerwerk abbrannte, ist umso bemerkenswerter, wie hier die historische Atmosphäre so wunderbar erhalten werden konnte.

Adresse: Marzellenstraße 28, 50668 Köln

BASILIKA ST. APOSTELN

Die Basilika St. Aposteln kennzeichnet sich nicht zuletzt durch ihren musikalischen Schwerpunkt und ein breites Spektrum an Angeboten für die Gemeinde: Messen in kölscher Mundart, gregorianische Chormusik und verschiedene Konzerte kann man hier live miterleben. Eine Oase der Einkehr direkt am Neumarkt!

Adresse: Neumarkt 30, 50667 Köln
Infos: www.st-aposteln.de

5 *spirituelle Erfahrungen,*

KREUZGANG VON ST. MARIA IM KAPITOL

„Mein Vorschlag ist der Kreuzgang vor St. Maria im Kapitol (und natürlich auch die wunderbare Kirche selbst). Zu jeder Jahreszeit schön, aber im Sommer mit dem Bauerngarten ganz besonders. Nur ein paar Schritte von den Einkaufsmeilen entfernt, ist der Kreuzgang immer eine kleine, feine und stille Oase mitten im Trubel der Innenstadt, die so versteckt liegt, dass man sie in der Regel nicht „zufällig" entdeckt."

(Reinhild Mittelsten Scheid)

**Adresse: Marienplatz 19, 50676 Köln
Infos: www.maria-im-kapitol.de**

die einzigartig für Köln sind

20

MADONNA IN DEN TRÜMMERN

Wer die Madonna in den Trümmern bewundern möchte, der ist beim Kunstmuseum des Erzbistums Köln genau an der richtigen Adresse (s. S. 31: 5 Museen). Die ehemalige katholische Pfarrkirche St. Kolumba wurde im 2. Weltkrieg fast vollständig zerstört. Aus den Trümmerresten wurde nach einem Entwurf von Gottfried Böhm 1950 die Kapelle Kolumba erbaut, die er der erhaltenen spätgotischen Pfeilermadonna widmete, eine lebensgroße Marienfigur (1460-70) mit Podest und Baldachin, auch Trümmermadonna genannt.

Der Baukörper ist heute in das Museum integriert und Kapelle sowie Boden- und Baudenkmale der zerstörten Kolumbakirche werden von den Museumsmauern umgeben – genauso wie die Madonna in den Trümmern, ein gerettetes Stück Zeitgeschichte.

Adresse: Kolumbastraße 4, 50667 Köln
Infos: www.kolumba.de

TIPP
UNSERER
LESER

DIE GOLDENE KAMMER IN ST. URSULA

„Mein Tipp ist die Goldene Kammer von St. Ursula. Es gibt - glaube ich - keine gleichermaßen unbekannte wie beeindruckende Sehenswürdigkeit in Köln."

(Kevin Edler)

Die Kirche wurde nach der Heiligen Ursula benannt, die der Legende nach in Köln gemeinsam mit 11.000 Jungfrauen ihr Martyrium erlitt. Das Thema ist also Reliquienpräsentation und das auf unmittelbare und schaurige Art und Weise: Die Wände sind mit Menschenknochen verziert, auf den Regalen liegen Reliquienbüsten und Schädel. In Verbindung mit den prächtigen goldenen Verzierungen entsteht so eine einmalige Atmosphäre.

Adresse: Ursulaplatz 30, 50668 Köln
Infos: www.sankt-ursula-koeln.de

KREUZGANG VON ST. GEORG

Durch eine Glastür betritt man den bezaubernden Innenhof, der von weißen Elementen bestimmt wird, die eine eindrucksvolle und gleichermaßen bedächtige Atmosphäre erzeugen. Im Zentrum des Kreuzgangs stehen zwölf Grabplatten, die an die 21 Opfer des letzten Fliegerangriffs auf Köln am 2. März 1945 erinnern. Ein Ort der Einkehr und des Gedenkens.

Adresse: Georgsplatz 17, 50676 Köln
Infos: www.georg-koeln.de

MELATENFRIEDHOF

„Einer meiner Lieblingsorte schon von Kindheit an ist der Melatenfriedhof an der Aachener Straße. Dort kann man Gräber mit wundervollen Grabsteinen sehen, zum Beispiel riesige Engel aus Marmor, die ihre Flügel ausbreiten, Hennes den Geißbock oder Karnevalisten in Uniform entdecken. Am Grab von Marieluise Nikuta kann man einen QR-CODE einscannen und Musik ertönt. Entweder man schlendert einfach über den Friedhof oder man bucht eine Führung."

(Bärbel Hehn)

Adresse: Aachener Str. 204, 50931 Köln
Infos: www.melatenfriedhof.de

5 Kinos, in denen der Film zum Erlebnis wird

1

OFF BROADWAY

Das Off Broadway hält, was der Name verspricht: Hier werden tolle Filme fernab der Mainstream-Hits gespielt. Spiel- und Dokumentarfilme aus Europa, Asien und Südamerika gehören genauso zum Programm wie amerikanisches Independent-Cinema. Eine Besonderheit ist hier außerdem, dass viele Filme in ihrer Originalversion mit deutschen Untertiteln gezeigt werden. So kann man bei den Movies in English oder Films en Français die Stimmung des Films so richtig aufsaugen und gemeinsam einen tollen Kinoabend verbringen!

Adresse: Zülpicher Straße 24, 50674 Köln
Infos: www.off-broadway.de/programm

2

CINENOVA

Das familiengeführte Cinenova ist das größte Programmkino Kölns und präsentiert eine bunte Palette an Filmen: bekannte Hollywood-Klassiker sind genauso vertreten wie kleine, charmante Produktionen in der Originalversion mit Untertiteln. Ein Highlight ist das Open Air-Kino, das man an warmen Tagen draußen im Biergarten genießen kann.

Tipp: Als eines der ersten Kinos in Köln überträgt das Cinenova seit Jahren Aufführungen live aus der Pariser und Londoner Oper in bester Bild- und Tonqualität.

Adresse: Herbrandstraße 11, 50825 Köln
Infos: www.cinenova.de

3

ODEON

Das Odeon existiert bereits seit den 50er Jahren und hat eine bewegte Reise hinter sich, bevor es zum Kino wurde. Einst Theater, ist hier inzwischen ein behagliches Programmkino beheimatet, das seine Gäste mit einladender und gemütlicher Atmosphäre begrüßt. Wie das Kino selbst, ist auch der dazugehörige Hinterhof mit Biergarten ausgesprochen charmant und ansprechend.

Tipp: Zum Programm gehört auch die Kölsche Filmmatinée, bei der vergangene Live-Konzerte kölscher Musiker gezeigt werden. Schaut euch an, wie Bläck Fööss 1991 den Tanzbrunnen gerockt haben!

Adresse: Severinstraße 81, 50678 Köln
Infos: www.odeon-koeln.de

AUTOKINO PORZ

In Porz könnt ihr eine Kino-Erfahrung der ganz besonderen Art erleben: tagsüber wird auf dem Trödelmarkt fleißig gefeilscht, abends ist hier ein Autokino mit riesiger Leinwand.

Mit 15 Metern Höhe und 36 Metern Breite sorgt sie für eine einmalige Stimmung, während man sich im eigenen Auto zurücklehnen und den Sound so laut drehen kann wie man möchte. Überzeugt euch selbst und schaut einen Film in totaler Privatsphäre!

Adresse: Rudolf-Diesel-Straße 36, 51149 Köln
Infos: www.autokino-koeln.de/programm

RESIDENZ FILMLOUNGE

Hier residieren Kinogänger, die eine gewisse Portion Luxus und eine ausgewählte Atmosphäre während des Besuchs zu schätzen wissen. Es werden bestimmte Vorzüge angeboten, die so in anderen Kinos nicht zu finden sind: Service am Platz, besonders geräumige Sitzplätze, Champagner zum Film. Zum erlesenen Ambiente gesellt sich eine breite Programmauswahl zwischen Mainstream, Klassikern und Originalversionen mit deutschen Untertiteln – hier ist also für jeden was dabei, ganz nach dem eigenen Gusto!

Adresse: Kaiser-Wilhelm-Ring 30-32, 50672 Köln
Infos: www.koeln.premiumkino.de

5 Orte,

1 OPER KÖLN

„Meine Empfehlung ist die Oper Köln. Eine Institution, die in Köln unterschätzt wird. Abwechslungsreiche, tolle Produktionen. Hier wird - trotz Provision- große Oper geboten."

(Ralf Strotmann)

Tipp: Zur Oper Köln gehört seit 25 Jahren auch die Kinderoper: Ihr Programm ist extra auf den Geschmack von Kindern abgestimmt und bietet mit märchenhaften, fantasievollen Aufführungen wie der "Zauberflöte für Kinder" oder der "Geschichte vom Fuchs, der den Verstand verlor" einen tollen Einstieg in musikalische Welten. Das Programm wechselt mit jeder Spielzeit, derzeit finden die Aufführungen im StaatenHaus statt.

Adresse: Oper Köln im StaatenHaus, Rheinparkweg 1, 50679 Köln
Infos: www.oper.koeln/de

2 GLORIA

Das Gloria hat neben Comedy-Events, Lesungen und Partys vor allem auch Musik mit im Repertoire: Hier steht Gesang op Kölsch auf dem Programm. Kölsche Kultbands wie die Klüngelköpp performen hier in toller Atmosphäre ihre Hits auf der großen Bühne.

Adresse: Apostelnstraße 11, 50667 Köln
Infos: www.gloria.koeln

an denen jeder Musik-Fan ein Konzert live gesehen haben sollte

3

KNEIPENCHOR DER WOHNGEMEINSCHAFT

Werdet selbst Teil eines der beeindruckendsten Live-Konzerte Kölns: In der Kneipe Die Wohngemeinschaft findet einmal im Monat das gesellige Mitmach-Konzert für alle Interessierten statt, bei dem von kölschen Hits bis zu Pop- und Rock-Klassikern die ganze musikalische Bandbreite bedient wird. Und das alles mit Begleitung am Klavier und ausgedruckten Textblättern!

Adresse: Richard-Wagner-Straße 39, 50674 Köln
Infos: www.die-wohngemeinschaft.net

4

KÖLNER PHILHARMONIE

Die Kölner Philharmonie ist die Heimat von gleich zwei international bedeutenden Orchestern: das Gürzenich-Orchester und das WDR-Sinfonieorchester spielen hier ihre Konzerte. Unter dem Heinrich-Böll-Platz gelegen, wird fast täglich ein musikalisches Programm der Spitzenklasse geboten.

Tipp: Immer donnerstags findet um 12 Uhr der Philharmonie-Lunch statt, bei dem ihr kostenlos für eine halbe Stunde live den Orchester-Klängen lauschen könnt.

Adresse: Bischofsgartenstraße 1, 50667 Köln
Infos: www.koelner-philharmonie.de

5

LUXOR

Das Luxor ist schon lange eine feste Institution in der Kölner Musik- und Partyszene: Unter der Woche finden hier Konzerte bekannter nationaler und internationaler Künstler statt, am Wochenende steppt bei verschiedenen Motto-Partys der Bär. Ein Muss für alle, die gerne das Tanzbein schwingen!

Adresse: Luxemburger Str. 40, 50674 Köln
Infos: www.luxor-koeln.de

5 Orte,

1

GARTEN DER RELIGIONEN

Der ehemalige Klostergarten ist der perfekte Ort zur Besinnung und Erholung. Zehn verschiedene Stationen laden ein zur Reflektion und Auseinandersetzung mit dem Glauben, genauso wie die fünf großen Plätze der Weltreligionen. Und wer stilecht wie die alten Mönche essen und trinken möchte, der kann im Speisesaal Kaffee und Kuchen genießen.

Adresse: Stolzestraße 1a, 50674 Köln
Infos: www.invia-koeln.de/de/unsere-arbeit/der-garten-der-religionen

an denen ihr Kunst außerhalb von Galerien & Museen bewundern könnt

STAMMHEIMER SCHLOSSPARK

„Die bereits im 19. Jahrhundert für Kunst- und Kulturleben genutzte Parkanlage erfuhr ab 2002 durch die Initiative Kultur Raum Rechtsrhein im Rahmen nunmehr jährlich stattfindender Skulpturenausstellungen eine Renaissance. Dauerhafte aber auch jährlich wechselnde Installationen von nationalen aber auch internationalen Künstlern fügen sich ästhetisch in die Parklandschaft ein. Sie dominieren den Park nicht, man entdeckt sie beim Erwandern des Parks. Zu jeder Jahreszeit zieht sich die einzigartige Natur des Schlossparks zur modernen Kunst ein anderes Kleid an, das jeden Besuch wert ist. Gärtnerische Gestaltung und Moderne Kunst haben sich im Stammheimer Schlosspark zu etwas Großartigem vereinigt, das man gesehen haben muss."

(Dr. Gerd Bonse)

Adresse: Stammheimer Hauptstraße 67, 51061 Köln
Infos: www.schlosspark-stammheim.koeln

SKULPTURENPARK

Der Skulpturenpark präsentiert auf einer stolzen Fläche von gut 40.000 qm einzigartige Gegenwartsskulpturen und schafft ein harmonisches Zusammenspiel von Kunst und Natur. Durch regelmäßig wechselnde Ausstellungen bleibt der Park stets lebendig und es gibt immer wieder neue Kunstwerke zu entdecken. Zusätzlich findet alle 2 Jahre die Freiluftausstellung KölnSkulptur statt, in deren Zuge wird die umfassende Sammlung an Skulpturen mit Naturbezug entsprechend erweitert. Ein Besuch reicht kaum, um alles zu entdecken – das perfekte Ziel für Wiederholungstäter unter den Kunst- und Naturliebhabern!

Adresse: Riehler Straße, 50668 Köln
Infos: www.skulpturenparkkoeln.de

KUNSTRÄUME EBERTPLATZPASSAGE

Wer mit dem Ebertplatz einen zwielichtigen Ruf in Verbindung bringt, ist wohl schon länger nicht mehr dort gewesen: Bürger- und Künstlerinitiativen bemühen sich seit Jahren um eine optische und spirituelle Aufwertung des Platzes. Elementarer Teil davon sind die 4 öffentlichen Kunsträume GOLD+BETON, Mouches Volantes, Labor und Gemeinde Köln in der Ebertplatzpassage. Hier existiert Kunst in völliger Freiheit und ganz verschiedenen Farben und Formen – ob darstellende Künste, Ausstellungen oder kreative Performances, der Kunst sind keine Grenzen gesetzt . Inspiration pur!

Tipp: Es finden regelmäßig Kooperationen mit Festivals wie dem Kunstfestival oder dem ARTsventskalender statt und der Ebertplatz wird zum Begegnungsort.

Adresse: Ebertplatz, 50668 Köln

BUNKER K101

Das K101 in der Körnerstraße ist ein denkmalgeschützter Hochbunker aus dem 2. Weltkrieg und inzwischen Ort für Kunstausstellungen in besonderer Atmosphäre. Präsentationen zeitgenössischer Kunst sowie regelmäßige Veranstaltungen finden in diesem historischen Gebäude statt, um Künstler zu fördern und den Erhalt des Bunkers zu gewährleisten.

Tipp: Das K18 liegt ebenfalls auf der Körnerstraße, auch hier gibt es Kunst zu sehen!

Körnerstraße 101, 50823 Köln
Infos: www.bunkerk101.de

5 Indoor-Aktivitäten für Kids,

BATTLEKART KÖLN

„Definitiv einen Besuch wert, wenn man nicht nur virtuell Mario Kart spielen, sondern Teil des Videospiels mit Hilfe eines Karts und Videoprojektoren an der Decke sein möchte.“

(Carolin Smit)

Tipp: Testet die verschiedenen Modi, von BattleKart bis Battle Virus ist für jeden die volle Ladung Adrenalin dabei!

Adresse:
Butzweilerstr. 35-39,
Motorworld 4-Takt Hangar,
50829 Köln
Infos:
www.koeln.battlekart.com

um sich mal so richtig auszutoben

ODYSSEUM –
DAS ABENTEUERMUSEUM

Dieses Museum bietet Kindern ab 6 Jahren und Erwachsenen eine Riesenauswahl an verschiedenen Welten zum Erforschen. Dabei sind sportliche
Herausforderungen wie der Jungle Run und das Roll and Move, in dem
man sich auf Rollschuhen austoben kann. Auf Holzautos kann man durch
die Kinderstadt flitzen, auf der XXL-Baustelle selbst Architekt sein, mit
Virtual Reality-Headsets eine virtuelle Reise in den Weltraum unter-
nehmen. Das Museum mit der Maus ermöglicht spielerisch einen ersten
Einblick in wissenschaftliche Themen und Experimente. Ein Highlight:
die aus einzelnen Steinchen gebauten riesigen Meerestiere, die zu einem
Streifzug durch die Unterwasserwelt einladen. Und das ist noch längst
nicht alles!

Adresse: Corintostraße 1, 51103 Köln
Infos: www.odysseum.de

JUMP HOUSE KÖLN

Diese Trampolinhalle lässt keine Wünsche offen: Auf dem FreeJUMP laden 50 miteinander
verbundene Trampoline zum wilden Hüpfen ein, auf dem GameJUMP kann man Dodgeball
in 3D spielen – sogar die Wände sind hier Trampoline. Wer Ninja Warrior aus dem Fern-
sehen kennt, kann sich in den Ninja Areas selbst den Challenges stellen, sich dann auf dem
BagJUMP in riesige Luftkissen fallen lassen und anschließend beim SlamJUMP zum Tram-
polin-Basketball noch mal voll aufdrehen. Ein wilder Spaß für Kinder ab 6 Jahren, Kinder
ab 4 müssen in Begleitung von Erwachsenen springen.

Adresse: Köhlstraße 10,
50827 Köln
Infos: www.jumphouse.de/koeln

LASERTAG KÖLN

Actionreicher Spaß! Kinder ab 7 Jahren und Erwachsene können sich in abgedunkelten Arenen mit im Schwarzlicht leuchtenden Neonmarkierungen als Einzelkämpfer oder im Team durch verschachtelte Laufwege kämpfen, sich in der Burg oder anderen Verstecken verschanzen und taktische Tricks ausprobieren.

Adresse:
Wilhelm-Mauser-Straße 14-16,
50827 Köln
Infos: www.lasertag-koeln.de

JACKELINO SAFARI-INDOOR-SPIELPLATZ

Auf zur Kletter-Safari! Der Indoor-Spielplatz ist liebevoll in einer Dschungelthematik gestaltet. Hier laden Klettertürme zum Klettern und Hangeln, durch Rohre schlängeln, Hindernisse überwinden und Rutschen ein. Im Bällebad kann man sich bei einer Ballschlacht austoben und dann ein wildes Wettspringen in der Trampolinlandschaft veranstalten. Das powert auch die wildesten Safarikids aus!

Adresse: Otto-Hahn-Straße 6-8, 50997 Köln
Infos: www.jackelino-safari.de

5 Outdoor-Aktivitäten für Kids, bei denen die Hose ruhig dreckig werden darf

ERLEBNISBAUERNHOF GERTRUDENHOF

Auf dem Gertrudenhof ist wirklich für jeden etwas dabei! Im Gnadenhof-Streichelzoo kann man Tiere streicheln und füttern, vom Highland-Rind bis zum ehemaligen Zirkuspferd. Besonderes Highlight: Im Herbst laden im Kürbisparadies riesige Kürbis-Pyramiden zum Staunen ein, dazu gibt es Hüpfburgen sowie ein Karussell und Wackelautos für die Kleinsten. In der großen Scheune kann man durch Strohberge toben. Mit Kürbis-Café, Waffelkutsche, Grillwagen und Flammkuchen-Kutsche hat man auch beim Essen eine Riesenauswahl. Dazu hat der Bauernmarkt täglich geöffnet.

Adresse: Lortzingstraße 160, 50354 Hürth-Hermülheim
Infos: www.erlebnisbauernhof-gertrudenhof.de

MINIGOLF ARENA KÖLN BEIM GUT CLARENHOF

„Eine absolute Empfehlung: Egal ob Groß oder Klein, hier hat man einfach super viel Spaß auf einer wunderschönen Anlage mit 27 Löchern, Wasserfontänen, Teichen und nicht zu vergessen dem Gut Clarenhof direkt nebenan mit dem besten selbstgemachten Mohn-Streuselkuchen!"

(Carolin Smit)

Adresse: Minigolf Arena Köln, Gut Clarenhof, 50226 Frechen
Infos: www.minigolf-arena-koeln.de

RHEINPARK

„Der Rheinpark ist für Kinder ein Highlight! Mit einem großen Spielplatz, einem Skatepark und einer kleinen Bimmelbahn, die im Sommer durch den Park fährt. Auch die kleinen Brunnen laden zum Planschen ein."

(Doris Kühnemund)

Tipp: Eine Fahrt mit der Seilbahn über den Rhein ist ein aufregendes Abenteuer für Jung und Alt!
Adresse: Auenweg, 50679 Köln
Infos: www.xn--rheinpark-kln-smb.de/der-rheinpark

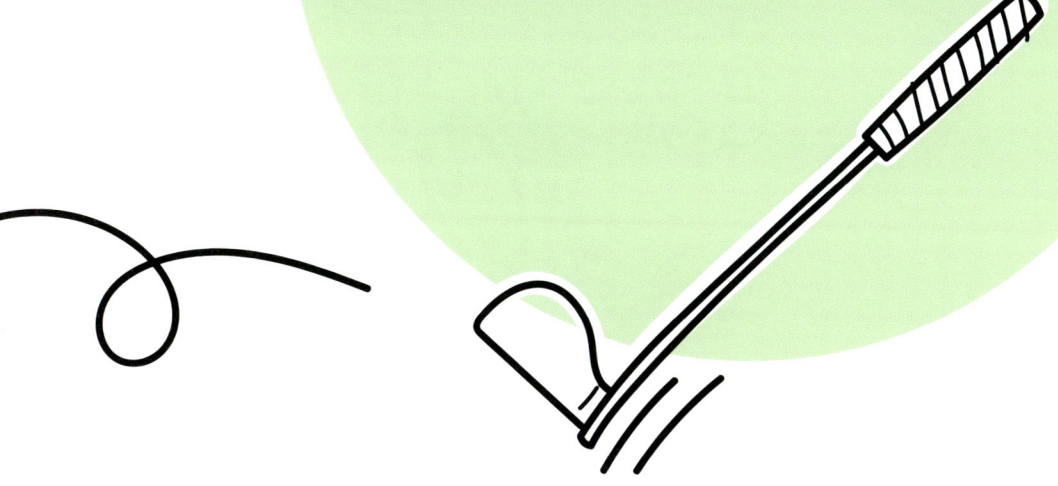

WASSERTRETSTELLE KÖNIGSFORST

Perfekt für eine Pause bei einer Radtour oder Wanderung mit Kindern im Königsforst: Das Kneippbecken im Giesbach lädt zum Abkühlen ein. Durch die Röhren, die das Wasser in das Becken führen, kann man auch krabbeln. Auch im Giesbach selbst kann man waten, kleine Fische und andere Wassertiere beobachten.

Adresse: Baumschulenweg 1 (Baumschule Königsforst), 51107 Köln
Infos: www.xn--knigsforst-ecb.net

STADTRUNDFAHRT: ZOO-EXPRESS

Welches Kind möchte nicht einmal mit der Eisenbahn fahren? Da ist die kleine Bimmelbahn, die durch Köln tuckert, besonders anziehend. Eine Stadtrundfahrt, von der auch die Kleinsten begeistert sind – man sieht die Altstadt, das Rheinufer, das Schokomuseum und den Zoo.

Infos: www.bimmelbahnen.com

5 Gärten, in denen ihr entspannt die Seele baumeln lassen könnt

1

BOTANISCHER GARTEN & FLORA

Dieser Ort verdient allein schon für die wunderschöne Pflanzenwelt und das beeindruckende Gesamterlebnis eigentlich sein eigenes Kapitel. Botanischer Garten und Flora grenzen aneinander und ergeben zusammen das perfekte Ziel für einen ausgiebigen Ausflug an einem freien Tag. In der Flora verschmelzen Natur und Geschichte miteinander, wenn man durch den Englischen Garten, die Parterre des Französischen Barock oder eine Landschaft in Anlehnung an die italienische Renaissance flaniert. Im Botanischen Garten gibt es über 12.000 Pflanzenarten zu entdecken, Highlights sind die Wüsten- und Tropenhäuser sowie das Subtropenhaus. Ein einmaliges Naturspektakel!

Adresse: Alter Stammheimer Weg, 50735 Köln

2

FORSTBOTANISCHER GARTEN

„Der Forstbotanische Garten in Rodenkirchen ist nicht nur für seine Rhododendren bekannt, sondern auch für seine mindestens acht Pfauen, die frei herum laufen."

(Carolin Smit)

Tipp: Es werden tolle Führungen zu Themen wie Rhododendren und Wildtieren angeboten.

Adresse: Schillingsrotter Straße 100, 50996 Köln

3

VOLKSGARTEN

Der Volksgarten ist eines der beliebtesten Ausflugsziele der Kölner Südstadt und bietet eine Möglichkeit, dem Lärm und Trubel der Großstadt zu entfliehen und in der Natur zur Ruhe zu kommen. Highlights des Parks sind der Wasserfall, an dem gemütliche Sitzbänke zum Verweilen einladen, der Rosengarten des alten Fort IV und der große See mit Tretboot-Verleih.

Adresse: Eifelstraße, 50667 Köln

TIPP UNSERER LESER

ROSENGARTEN AM FORT X

„Mein Lieblingsort ist definitiv unser Rosengarten im Fort X im Agnesviertel - wunderschön zum Ausruhen, Verweilen, Seele baumeln lassen, und ein Meer von blühende Rosen vom Mai bis Oktober."

(Manuela Manso)

Adresse: Neusser Wall 33, 50670 Köln
Achtung: Der Rosengarten am Fort X ist vom 1. November bis 30. April geschlossen!

FINKENS GARTEN

Ein Garten der besonderen Art mit Naturerlebnis inklusive: In Finkens Garten könnt ihr verschiedene Biotop-Typen entdecken und einen Tag mitten im Grünen verbringen. Hier können Kinder in der Lernwerkstatt und diversen Erlebnis- und Lebensräumen pädagogisch wertvolle Kontakte mit der Natur knüpfen. Und während der angebotenen Führungen kommen auch die Eltern zu ihrer wohlverdienten Verschnaufpause.

Adresse: Friedrich-Ebert-Straße 49, 50996 Köln
Infos: www.finkensgarten.org

5 *Orte am Wasser,*

TIPP UNSERER LESER

DECKSTEINER WEIHER

„Es geht nichts über einen Spaziergang am Decksteiner Weiher in allen Jahreszeiten, besonders im Winter, wenn die Eisfläche auf dem Weiher dick genug ist, um darauf Schlittschuh zu laufen, dann ist der Weiher eine riesengroße Eisbahn."

(Carolin Smit)

Ein Kanal verbindet die beiden Wasserflächen des Weihers miteinander, Kastanienalleen zieren die Ufer. Wer von einem ausgiebigen Rundgang eine Verschnaufpause braucht, bekommt im ansässigen Gasthauslokal eine verdiente Stärkung, um danach auf der benachbarten Minigolfanlage wieder alles geben zu können!

Adresse: Glueler Straße, 50935 Köln

RODENKIRCHENER RIVIERA

Mediterranes Ambiente, Sandstrand und ein traumhafter Blick über den Rhein. Hier kommt echte Urlaubsstimmung auf, egal ob man auf dem Handtuch am Rheinstrand liegt und die Sonne genießt oder am Ufer entlangschlendert.

Tipp: Ganz in der Nähe liegt das Hausboot-Restaurant Alte Liebe, ideal für einen Drink bei Sonnenuntergang.

Adresse: Uferstraße, 50996 Köln
Infos: www.rodenkirchener-riviera.de

bei denen Urlaubsfeeling aufkommt

LINDENTHALER KANÄLE

Eine Insel der Ruhe mitten in der Stadt. Auf den Bänken am Kanal kann man das Blätterrauschen der Bäume genießen, aufs Wasser schauen und auch noch den perfekten Cappuccino und köstliche italienische Leckereien vom Caféccino-Mobil probieren, der immer beim italienischen Konsulat um die Ecke steht. Traumhaft zum Spazierengehen am Wasser!

Adresse: Brucknerstraße, 50931 Köln

POLLER WIESEN

Auf der Schäl Sick: Hier kann man sehr erholsam spazierengehen und dabei den Blick auf den Rheinau-hafen mit seinen Kranhäusern genießen. Auch Rad-fahrer kommen hier auf ihre Kosten. Ein Highlight ist das PollerWiesen-Musikfestival, das jedes Jahr im Juni stattfindet.

Adresse: Alfred-Schütte-Allee 20a, 50679 Köln

AACHENER WEIHER

Der perfekte Ort zum Chillen, spontanen Grillen und Sonnen! Durch seine Nähe zur Uni werden die Wiesen am Aachener Weiher besonders gern von Studenten besucht. Man kann zuschauen, wie sich andere Besucher auf der Slackline oder beim Jonglieren üben und Schwäne beim Gleiten über den Weiher beobachten. Durst? Dafür ist der Aachener Biergarten direkt nebenan.

Adresse: Aachener Straße, 50674 Köln

5 Parks,

BEETHOVENPARK

Naturbelassener Park mit einer der höchsten Erhebungen Kölns: Der Pilzberg, der wie alle Trümmerberge Kölns aus dem Abraum von Kriegstrümmern entstanden ist, bietet einen fantastischen Blick auf das Kölner Panorama. Perfekt zum Schlittenfahren im Winter und beliebt bei Hunden, die hier auf einer Freilauf-wiese nach Belieben rumtollen dürfen.

**Adresse:
Neuenhöfer Allee 10, 50937 Köln**

BLÜCHERPARK

Ein großer Park mit einem noch größeren Angebot an Aktivitäten: Zwei Fußballplätze, ein Tretbootverleih, ein Spielplatz für die Kids und ein wunder-schöner See im Herzen des Parks, der zu einem entspannten Spaziergang in malerischer Umgebung einlädt.

**Adresse:
Parkgürtel, 50739 Köln**

in denen sich die frische Luft genießen lässt

HIROSHIMA-NAGASAKI-PARK

Fantastische Lage direkt am Aachener Weiher und beim Museum für Ost-asiatische Kunst – völlig zurecht kein Geheimtipp, sondern ein Muss für einen Ausflug in den Park!

Adresse: Universitätsstraße, 50923 Köln

FRIEDENSPARK

Direkt am Aggripinaufer und umgeben von Ruinen und ehemaligen Festungsmauern des denkmalge-schützten Preußenfort. Mit einem Bauspielplatz und einem Jugendzentrum auch toll für Kinder geeignet!

Adresse: Agrippinaufer, 50678 Köln

SÜDPARK

Klein, aber fein! Der Südpark ist eine der kleinsten Parkanlagen Kölns und steht als Baudenkmal unter Denkmalschutz, genauso wie der bekannteste Bewohner des Parks: ein in Bronze gegossener Panther. Sehenswert sind auch die vielen schönen Rhododendren.

Adresse: Am Südpark, 50968 Köln

5 Orte draußen im Grünen,

1

ARBORETUM DÜNNWALD

Verwunschene Steinwege führen an seltenen Pflanzen und exotischen Hölzern vorbei. Ideal für einen faszinierenden Spaziergang durch die Vielfalt der grünen Natur.

Adresse: Birkenweg, 51069 Köln

2

MONTE TROODELÖH

Mit gut 118 Metern die höchste Erhebung Kölns und der perfekte Ort für Wanderungen. Der Gipfelstein und ein Bodendenkmal mit Infotafel warten als Belohnung am höchsten Punkt des Berges.

Adresse: Wolfsweg, 51109 Köln

die fernab des Großstadtdschungels liegen

30 KÖLNER STADTWALD

Beliebtes Naherholungsgebiet mit einem Wildgehege, Weihern sowie Spiel- und Sportplätzen.

Adresse: Dürener Straße, 50935 Köln

40 GREMBERGER WÄLDCHEN

Naturidylle pur und Heimat vom ältesten Baum Kölns (Rotbuche, Anfang des 18. Jahrhunderts).

Adresse: Im Gremberg, 51107 Köln

50 FRIEDENSWALD

Der Name hält, was er verspricht: Hier kann man in unmittelbarer Nähe zum Forstbotanischen Garten in Ruhe und Frieden seine Zeit draußen im Grünen genießen.

Adresse: Schillingsrotter Straße, 50996 Köln

5 Naturschutzgebiete,

1

WORRINGER BRUCH

Feuchte Sumpflandschaft mit vielfältiger Flora und Fauna. Gummistiefel nicht vergessen!

Adresse: Senfweg/ Ecke Bruchstraße, 50769 Köln-Worringen

2

AM HORNPOTTWEG

Ehemalige Kiesgrube und eines der wertvollsten Biotope im Kölner Raum.

Adresse: Hornpottweg, 51069 Köln-Mülheim

in denen die Natur noch ihre Ruhe hat

3 CHORBUSCH

Bemerkenswerter Tierreichtum mit verschiedenen Spechtarten und Lebensraum der Ringelnatter.

Adresse: Further Weg, 50769 Köln

4 RHEINAUE WORRINGEN-LANGEL

4 Kilometer lang nur Kieselstrand, Buchten und Wiese den Rhein entlang – wunderschön und perfekt für Spaziergänge mit oder ohne Hund.

Adresse: Alte Römerstraße, 50769 Köln-Worringen

5 DELLBRÜCKER HEIDE

Klein, aber fein: eins der jüngsten Naturschutzgebiete des Naturraums Bergische Heideterrasse und Heimat einiger bundesweit gefährdeten Tierarten.

Adresse: Höhenfelder Mauspfad, 51069 Köln

Fun & Freizeit

5 Schwimmbäder, in denen das kühle Nass schon nach euch ruft

10 DAS WALDBAD DÜNNWALD

Genau das Richtige, wenn man beim Schwimmen mitten im Grünen sein will: Von schönen großen Bäumen umgeben, lädt das Bad mit vier Schwimmbecken zum Schwimmen und Planschen ein. Mit Wasserrutsche, Kinderbecken und Spielplatz auch für die Kleinsten ein Highlight.

Tipp: Zwei rustikale Fasssaunen laden zum Entspannen ein.

**Adresse:
Peter-Baum-Weg 24,
51069 Köln
Infos:
www.waldbad-camping.de**

DAS STADIONBAD

Direkt im Sportpark Müngersdorf gelegen, bietet das Stadionbad einen tollen Hallen- und Freibadbereich. Hier kommen Sportler beim Ziehen ihrer Bahnen und beim Turmspringen voll auf ihre Kosten, im Whirlpool kann man entspannen, im Freibad die Liegewiesen genießen und eine Runde Beachvolleyball spielen.

Tipp: Vor der Winterpause bietet das Bad jedes Jahr einen Tag Hundeschwimmen an.

Adresse: Olympiaweg 20, 50933 Köln
Infos: www.koelnbaeder.de/bad/stadionbad

DER LENTPARK:
BAD UND EISSTADION

Der Lentpark kombiniert eine geniale Hallen- und Freibadlandschaft mit einer Eisarena der Superlative. Im Freibadbereich gibt es gleich mehrere Highlights: den Sprungfelsen, eine extrabreite Wasserrutsche und den Naturbadeteich, natürlich ganz ohne Chlor. Wird es Herbst, kann man in der Eishalle und, besonders toll, auf der mehrstöckigen Eis-Hochbahn auf den Kufen flitzen. Nachhaltig: Die aus der Eishalle abgezogene Wärme beheizt das Hallenbad.

Adresse: Lentstraße 30, 50668 Köln
Infos: www.koelnbaeder.de/bad/lentpark

4 DAS ZÜNDORFBAD

Von drinnen nach draußen wie auf dem Wildwasserfall: Highlight des Zündorfsbads ist seine 80 m lange Wildwasserrutsche. Aus dem Hallenbad rutscht man direkt ins Vier-Jahreszeiten-Becken. Für noch mehr Wildnis: Das Bad liegt an einem ehemaligen Rheinarm, der Groov. Hier kann man eine Auenlandschaft und Sandstrände entdecken.

Adresse: Trankgasse 10a, 51143 Köln
Infos: www.koelnbaeder.de/bad/zuendorfbad

5 DAS NATURFREIBAD IN VINGST

Genug von Chlor? Dann ab in den Baggersee! Im Naturfreibad gibt es wunderbaren Sandstrand für das perfekte Urlaubsfeeling, Liegewiesen und Hängematten laden zum Abhängen ein. Und das direkt im Grünen! Fühlt sich im Sommer an wie ein kleines Stück Karibik.

Adresse: Vingster Ring, 51107 Köln
Infos: www.koelnbaeder.de/bad/naturfreibad-vingst

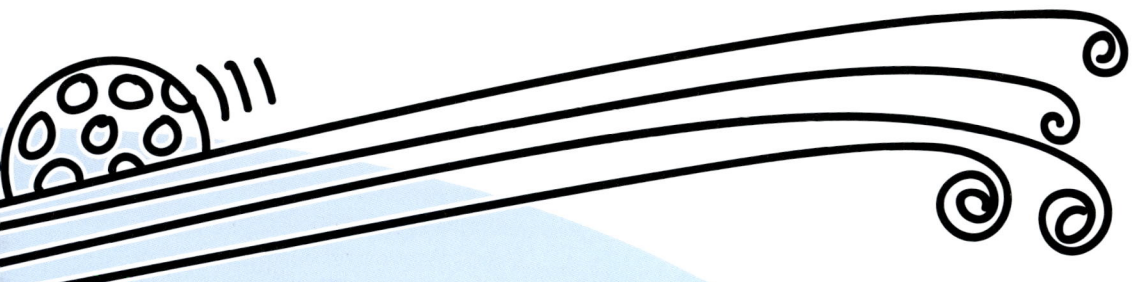

5 Seen,

FÜHLINGER SEE MIT DEM BLACKFOOT BEACH

„Der Fühlinger See, eine ehemalige Kiesgrube mit ganz besondcrem Naturflair, hat 7 Teilseen und eine Regattabahn für Ruderer und Kanuten. Wer wie ich seit den 90er Jahren im Kölner Norden lebt, besucht den See mindestens einmal die Woche, im Sommer evtl. auch täglich. Während die Wasseraffinen surfen, paddeln, rudern, tauchen, fischen, ihre Modellboote zu Wasser lassen oder am Blackfoot Beach schwimmen, lieben die Bodenständigen die Ufer zum Erholen, Chillen, Grillen, Fotografieren und Sonnen und erleben dabei den Wandel der Jahreszeiten hautnah mit."

(Susanne Quirmbach)

**Adresse: Oranjehofstraße 103-105, 50769 Köln
Infos: www.fuehlinger-see-koeln.de**

OTTO-MAIGLER-SEE

Ein großer Baggersee, an dem man wunderbar die Natur genießen, unter Bäumen im Schatten liegen und sich dann eine Runde in den See stürzen kann. Und wer es karibischer mag: Der Beachclub lädt mit seinem Sandstrand und der Strandbar zum gepflegten Chillen ein.

**Adresse:
Otto-Maigler-See, 50354 Hürth
Infos: www.otto-maigler-see.de**

die im Sommer für Abkühlung sorgen

3 DER ESCHER SEE

Dieser wunderbare Doppelsee lockt mit dem schönsten Sandstrand von Köln! Im Beachclub kommt dann endgültig Südsee-Feeling auf: Unter großen Palmen kann man auf Beach Beds und Lounge Sesseln chillen und einen Drink genießen, bevor man sich in die Wellen stürzt. Der zweite Abschnitt des Sees ist kostenlos jederzeit zugänglich.

Adresse: Am Baggerfeld 4, 50767 Köln

4 DER BLEIBTREUSEE

Ein Paradies für Sportler! Entstanden aus einer alten Tagebaugrube, zieht der Bleibtreusee heute Windsurfer, Segler, Taucher und andere Wassersportfans an. Hier kann man auch Stand Up Paddle ausleihen und sich auf einer speziell angelegten Wasserski- und Wakeboard-Anlage austoben.

**Adresse:
Luxemburger Straße,
50321 Brühl
Infos:
www.wasserski-bleibtreusee.de**

5 DIE ZÜNDORFER GROOV

Traumhaft! Die Groov war einst ein Rheinarm, der aber mittlerweile vom Fluss abgeschnitten und dadurch zu einem Doppelsee geworden ist. Hier kann man inmitten der Rheinaue unter Bäumen den Blick aufs Wasser genießen, am Sandstrand relaxen, schwimmen, Tretboot fahren und vieles mehr.

**Adresse:
Am Markt, 51143 Köln**

5 Orte,

1 NEPTUNBAD

Das Neptunbad verspricht seit 1912 Wellness auf allerhöchstem Niveau: Asiatische Sauna- und Badelandschaft, Pools & Saunen im Innen- und Außenbereich, Fitness-Programm sowie gastronomische Angebote sorgen für ein all-umfassendes Rundum-Sorglos-Paket.

Adresse: Neptunplatz 1, 50823 Köln
Infos: www.neptunbad.de

2 AGRIPPABAD

Entspannung und Erholung mitten in der Innenstadt garantiert die Saunalandschaft vom Aggripabad. Selbstverständlich werden hier auch Massagen angeboten, man kann in einem der vielen Bäder seine Bahnen ziehen oder einfach relaxen.

Tipp: Die Dachterrasse mit angrenzendem Ruheraum, beides mit tollem Domblick!

Adresse: Kämmergasse 1, 50676 Köln
Infos: www.koelnbaeder.de/ sauna/agrippabad

an denen man sau(na)mäßig gut entspannen kann

CLAUDIUS THERME

In der Claudius Therme badet man sprichwörtlich in Gesundheit, denn die heilsame Wirkung des warmen Thermalwassers der Quellen ist staatlich anerkannt. Eine vielfältige Badelandschaft mit Highlights wie einer Heiß-Kalt-Grotte und einem Strömungskanal sowie breit gefächerte Beauty- und Wellness-Angebote machen das Erlebnis perfekt.

Adresse: Sachsenbergstrasse 1, 50679 Köln
Infos: www.claudius-therme.de

AQUALAND

Entspannung der etwas anderen Art und das perfekte Ziel für einen Familienausflug: Während die Kids sich in der Badewelt mit vielen Wasserrutschen austoben, können die Eltern ihre wohlverdiente Freizeit in der Saunalandschaft genießen. Highlight: Die Jod-Sole-Kur in der Himalaya-Meersalzgrotte mit Lichttherapie!

Adresse: Merianstraße 1, 50765 Köln
Infos: www.aqualand.de

MAURITIUS THERME

Zum Mauritius Hotel gehört auch eine Therme, die glücklicherweise nicht nur für Hotelgäste ihre Pforten öffnet. Hier finden Wellness-Liebhaber mit 7 verschiedenen Saunen, diversen Pools, Dampfbad und Massage-Angebot alles, was das Herz begehrt.

Adresse: Mauritiuskirchplatz 3-11, 50676 Köln
Infos: www.mauritius-ht.de/#wellness

5 *tolle Sportangebote,*

1

RADFAHREN AUF DEM GRÜN- GÜRTELRUNDWEG

„Einmal rund um Köln: Der Grüngürtelweg ist zwar ein Wanderweg, aber auch super mit dem Rad zu befahren. Tolle Ausblicke! Wir sind von Porz aus zum Stammheimer Schlosspark geradelt und dann rechtsrheinisch weiter der Markierung G1 gefolgt. Die zweite Etappe verlief linksrheinisch, vorbei am Kalscheurer Weiher, Geißbockheim, Adenauer Weiher bis Longerich/Niehl und am Rhein zurück. Man kann an verschiedenen Stellen die Fahrt unterbrechen und mit der KVB zurückfahren. Gesamtstrecke: circa 76 km von Porz aus, je nachdem welche Abstecher man macht."

(Sonja Richrath)

**Infos:
www.koelner-gruen.de/
mein-gruenguertel-rundweg-
karte.aspx**

die zum Loslegen und Mitmachen animieren

STUNTWERK

Ob Bouldern an einer schräger Wand, Hindernisse überwinden beim Parkour oder Challenges annehmen beim Ninja Warrior Training: Hier kann man sportlich an seine Grenzen gehen! In der 2000 qm großen Halle ist reichlich Platz, sich richtig auszupowern, egal ob allein oder in der Gruppe. Darüber hinaus bietet das Stuntwerk auch Fitnesskurse an. Eine echte Herausforderung!

Adresse: Schanzenstr. 6-20, 51063 Köln
Infos: www.stuntwerk-koeln.de

ACR-SPORTCENTER

Hier ist für jeden etwas dabei: Das riesige Indoor-Sportcenter bietet Badminton-Fans auf zehn Courts ideale Bedingungen. Darüber hinaus gibt es Tennis- und Squashplätze, aber auch Trainingsmöglichkeiten für Inline-Hockey, Basketball, Volleyball und Fußball. Und wer danach platt ist: ab in die hauseigene Sauna!

Adresse: Neubrücker Ring 48, 51109 Köln
Infos: www.acr-sportcenter.de

4️⃣ SPORTANLAGE AM FORT DECKSTEIN

Die Sportanlage im Grüngürtel gibt es schon seit den 1920ern. Wo vorher die preußische Befestigungsanlage Fort VI war, entstanden damals Sport- und Erholungsflächen. Seit 2017 frisch renoviert, steht sie nun wieder dem S.C. Blau-Weiß Köln 06 sowie Hobbysportlern zur Verfügung. Perfekt, wenn man eine Runde im Grünen kicken und anschließend noch einen Spaziergang genießen will!

Adresse: Militärringstraße, 50935 Köln-Lindenthal

5️⃣ YES!YOGA

Es wird Zeit, wieder zu mehr Einklang mit sich selbst zu finden? Dann ist Yes!Yoga ideal. Ein wunderschönes, lichtdurchflutetes Yoga-Studio, das sich besonders der individuellen Betreuung seiner KundInnen verschrieben hat. Man kann die Basics erlernen, es beim Power Yoga sportlicher angehen oder sich auf Meditation konzentrieren. Auch für Yoga-Neulinge eine schöne Erfahrung!

Adresse: Friesenstraße 50, 50670 Köln
Infos: www.yesyoga-cologne.de

5 Sport-Events für alle, die Sport lieben – aus sicherer Entfernung von der Tribüne aus

EISHOCKEY MIT DEN KÖLNER HAIEN

„Empfehlenswert! Eishockey ist eine tolle Sportart. Die Stimmung ist super, dank der Fans, die immer friedlich bleiben. Aufwändige Fanaktionen und zahlreiche Fangesänge verbreiten eine tolle Stimmung – besonders bei einem Sieg. Die Eintrittspreise sind moderat, besonders für Gruppen und Familien."

(Heidi Beutler)

Tipp: Unter der Woche kann man an den Trainingstagen kostenlos seinen Eishockey-Stars zuschauen!

**Adresse:
Gummersbacher Straße 4,
50679 Köln
Infos: www.haie.de**

2

GALOPPRENNBAHN WEIDENPESCH

„Nicht nur an Renntagen sehenswert. Man kann hier fußläufig die Natur genießen. Hier gibt es auch das Brauhaus Em Tattersaal. Dort kann man im Sommer wie im Winter auf der Terrasse sitzen, bei leckerem Essen und Kölsch.

(Doris Kühnemund)

Adresse: Rennbahnstraße 152, 50737 Köln
Infos: www.koeln-galopp.de/rennbahn

3

KÖLN-MARATHON

Einmalige Atmosphäre: Der Köln-Marathon, der jedes Jahr im Oktober stattfindet, ist etwas ganz Besonderes. An der 42 km langen Rennstrecke fiebern jedes Mal zahllose Zuschauer mit den ca. 25.000 Läuferinnen und Läufern mit. Das Rennen nimmt die ganze Stadt mit: Es startet in Deutz auf dem Ottoplatz, führt über die Deutzer Brücke, am Rheinufer entlang, durch die Innenstadt, durch Lindenthal, Sülz, Nippes und Ehrenfeld und endet am Dom. Ein Sportfest mit Volksfeststimmung, das man mal erlebt haben muss!

Adresse: Ottoplatz, 50679 Köln (Startpunkt)
Infos: www.koeln-marathon.de

4 COLOGNE CARDINALS

Lust, mal keinen Mainstream-Sport zu sehen? Dann ist ein Spiel der Cologne Cardinals genau das Richtige! Baseball ist auch in Deutschland angekommen, die Cardinals sorgen schon seit mehr als 30 Jahren für Begeisterung bei ihren Fans, die die Duelle zwischen Pitcher und Batter verfolgen.

Adresse: Aachener Straße 800, 50933 Köln
Infos: www.colognecardinals.de

5 AMERICAN FOOTBALL MIT DEN COLOGNE CROCODILES

Für Football muss man in die USA? Nein, mit den Cologne Crocodiles ist seit 1980 sehr erfolgreich ein Stück des amerikanischen Lieblingssports in der Domstadt zuhause. Die Crocodiles gehören zur German Football League, der 1. Bundesliga des deutschen Footballs. Die Fans gehen ab, wenn sie ihr grün-gelbes Team gemeinsam mit Krokodil-Maskottchen Crolonius anfeuern, am liebsten in ihrem Heimatstadion, dem Sportpark Höhenberg.

Adresse: Günter-Kuxdorf-Weg, 51103 Köln-Höhenberg
Infos: www.cologne-crocodiles.de

5 Zoos und Wildparks,

TIPP UNSERER LESER

1 DER WILDPARK IN DÜNNWALD

„Mein Lieblingsort. Dort gibt es Wildschweine und Wisente zu besichtigen. Der Park ist schön angelegt und man ist bei warmem Wetter angenehm kühl im Wald."

(Gisela Lechner)

Tipp: Jeden zweiten Mittwoch im Monat kann man zudem bei einer Führung mit einem Förster den Wildpark erkunden und viele Extra-Infos bekommen.

**Adresse:
Dünnwalder Mauspfad 230,
51069 Köln
Infos:
www.wildpark-duennwald.de**

2 WILDGEHEGE UND VOGELSCHUTZSTATION GUT LEIDENHAUSEN

Naturerleben direkt an der Wahner Heide: Im Wildgehege auf dem Gut kann man Rothirsche und Wildschweine beobachten. Die Greifvogelschutzstation bietet verletzten Eulen und anderen Greifvögeln ein Zuhause (nur So + an Feiertagen geöffnet). Außerdem lädt ein großer Naturspielplatz mit einem Kleinkindbereich und einer Wasserspielzone zum Toben ein. Ein Café sorgt für das leibliche Wohl.

**Adresse: Gut Leidenhausen 1, 51147 Köln
Infos: www.gut-leidenhausen.de**

in denen ihr eure Lieblingstiere hautnah erleben könnt

DAS WILDGEHEGE BRÜCK

„Ein kleiner und ruhiger Wildpark mit Wildschweinen und Damwild. Auf dem Waldlehrpfad lernt man zudem mit beschrifteten Tafeln diverse Bäume, Büsche und Pflanzen kennen. Der kleine Park lädt in den frühen Morgenstunden auch gerne zum Joggen ein."

(Carolin Smit)

Adresse: Brücker Mauspfad 203, 51109 Köln

4 DER KÖLNER ZOO

Seit 1860 ein Highlight mit unheimlich vielen Tierarten: Der Kölner Zoo hat so viel zu bieten, vom Elefantenpark über das Regenwaldhaus bis zum Hippodrom, das einer afrikanischen Flusslandschaft nachempfunden ist. Auch Fans von Reptilien kommen im Terrarium und Insektarium nicht zu kurz. Und wer es heimischer mag: Der Clemenshof, einem bergischen Bauernhof nachgebildet, beherbergt vom Aussterben bedrohte Nutztierarten.

**Adresse: Riehler Straße 173, 50735 Köln
Infos: www.koelnerzoo.de**

5 DER LINDENTHALER TIERPARK

Direkt im Stadtwald: Hier kann man Pfauen, Hirsche, Ziegen, Hochlandrinder und viele Tiere mehr beobachten. Auch Füttern ist erlaubt, dafür gibt es extra Futterautomaten. Gelegentlich machen hier auch Gänse und Enten einen Zwischenstopp. Toll für Familien, der Eintritt ist frei.

**Adresse:
Marcel-Proust-Promenade 1,
50935 Köln-Lindenthal
Infos:
www.lindenthaler-tierpark.de**

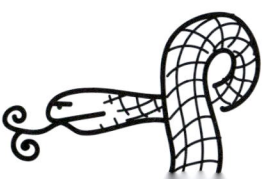

5 *Flohmärkte,*

DER NACHTKONSUM

Wer keine Lust hat, früh aufzustehen und dann auch noch auf dem Flohmarkt im Regen zu stehen, ist beim Nachtkonsum richtig: In der Pattenhalle in Ehrenfeld kann man bei guter Stimmung bis Mitternacht an den unterschiedlichsten Ständen shoppen. Dazu gibt's Livemusik!

Adresse: Christianstraße 82, 50825 Köln
Infos: www.nachtkonsum.com

DIE FLOHMARKTMEILE AM RHEINUFER

Perfekt für Freunde von Antiquitäten und Vintage! Hier kann man gemütlich die Vielfalt betrachten, die bis zu 150 Standbesitzer aufgefahren haben. Dabei genießt man den Ausblick auf den Rhein und die Altstadt. Herrlich zum Flanieren!

Adresse: Konrad-Adenauer-Ufer, 50668 Köln, Rheinpromenade zwischen Hohenzollern-Brücke und Bastei

bei denen dich garantiert etwas anlacht

DER ANTIK- UND DESIGNMARKT

Wer Vintage-Möbel, Deko aus den 50ern und andere Schätze sucht, wird hier fündig. Ob Geschirr, Spielzeug oder Kleidung: Bei so viel Nostalgie Feeling weiß man gar nicht, wo man zuerst hinschauen soll. Es gibt verschiedene Standorte, je nach Termin entweder am Neumarkt, an der Kölner Flora oder am Gürzenich.

**Infos:
www.coelln-antik-design.de**

BAZAR DE NUIT IM ODONIEN

Nachtflohmarkt der besonderen Art: Im Freiluftkunstzentrum Odonien lädt in der warmen Jahreszeit der Bazar de Nuit zum Schlendern und Entdecken ein. An zahlreichen Ständen winken Vintage-Schnäppchen, Kuriositäten-Klassiker und noch viele andere Schätze aus zweiter Hand. Dazu gibt's Live-Unterhaltung, auch für's leibliche Wohl ist gesorgt.

**Adresse: Odonien,
Hornstraße 85,
50823 Köln
Infos: www.bazardenuit.de**

DIE HOFFLOHMÄRKTE IN DEN VEEDELN

Da macht das ganze Veedel mit: Bei den Hoffloh-marktterminen bauen die Teilnehmenden im eigenen Garten, Hinterhof oder auf der Garagenauffahrt ihre Schätze auf. Perfekt, um das ein oder andere Schnäppchen zu machen. Dazu wunderbar nachhaltig, weil Altes weitergegeben und nicht weggeworfen wird. Ein tolles Nachbarschaftsprojekt!

Infos: www.hofflohmaerkte.de/koeln

5 außergewöhnliche Stadtführungen,

1

STREET ART TOUR

„Mein Tipp: Die Street Art Tour durch Ehrenfeld, unbedingt mit Eva!"
(Barbara Mathis)

Bei der Tour lernt man, wie vielfältig die Straßenkunst ist, welche Techniken es gibt, welche Stories dahinterstehen. Man erfährt mehr über die Künstler der Kölner Street Art-Szene, über legale und nicht ganz so legale Kunstwerke.

Infos: www.alternativecolognetours.com/street-art-tour-koeln-ehrenfeld/

die euch eine ganz neue Perspektive auf Köln schenken

20

EAT-THE-WORLD-STADTFÜHRUNGEN

Was ein Veedel ausmacht, erfährt man am besten über das, was man dort isst. Neben spannenden Infos zu Landmarken und touristischen Highlights erhält man genussvolle Kostproben kulinarischer Spezialitäten, entdeckt liebenswerte Cafés und Restaurants. Dabei kann man verschiedene Stadtviertel erforschen, vom Eigelstein über Ehrenfeld bis Nippes.

Infos: www.eat-the-world.com/stadtfuehrung/koeln

30

DIE STADTFÜHRUNG DES CSG

Das Centrum Schwule Geschichte (CSG) hat es sich zur Aufgabe gemacht, das Wissen über die rheinische Schwulenbewegung zu bewahren und zu erforschen. Bei einer Stadtführung lernt man viel über die Geschichte der Schwulen in Köln, entdeckt bedeutende Gedenkorte und Lokale.

Infos: www.csgkoeln.org/centrum

4
KÖLSCHE BÜDCHENTOUR

Ohne seine Büdchen ginge in Kölle nix! Hier gibt es belegte Brötchen, Kölsch, Süßes – alles, was man zu allen möglichen und unmöglichen Zeiten plötzlich dringend braucht. Auf der Büdchentour geht man dem Büdchen-Phänomen auf den Grund und erforscht dabei das Belgische Viertel. Kölscher geht's nicht!

**Infos:
www.walkingcologne.de/
service-page/
koelsche-buedchen-tour**

5
VIRTUELLE HISTORISCHE FÜHRUNG MIT TIMERIDE KÖLN

Wer wollte nicht schon mal eine Zeitreise machen? Mit einer Zeitmaschine, ähm, Virtual-Reality-Brille reist man ins Köln von 1926. Mit der Hutmacherin Tessa und dem Straßenbahnfahrer Pitter bekommt man zwei virtuelle Reisegefährten an die Seite gestellt, entdeckt ein Lichtspielhaus und Tessas Hutmacherladen und macht als Highlight eine Fahrt mit der Straßenbahn vorbei an Kölner Landmarken der Goldenen Zwanziger.

**Adresse: Alter Markt 36-42, 50667 Köln
Infos: www.timeride.de/koeln**

Typisch Kölsch

5 Events rund um den 1. FC Köln,

1 GEISSBOCKHEIM

Rut un wieß: Das Clubhaus des FC steht ganz im Zeichen des Geißbocks. Hier kann man bei einem köstlichen Essen den Blick auf zahlreiche Fotos seiner Lieblingsmannschaft und ihrer wichtigsten Triumphe werfen. Ein Fan-Treffpunkt mitten im Grünen.

Adresse:
Franz-Kremer-Allee 1-3, 50937 Köln
Infos:
www.geissbockheim-fckoeln.de

2 SAISONERÖFFNUNG

Die FC-Party! Kurz vor Beginn der Fußball-Bundesliga feiern Fans und Mannschaft gemeinsam den Start in die neue Saison. Dazu gibt's Musik von den besten kölschen Bands. Man lernt die neue Mannschaft kennen, es gibt eine Autogrammstunde, und auch für die Unterhaltung der kleinsten FC-Fans ist gesorgt.

Adresse: Wiesen vor dem
RheinEnergieSTADION,
Aachener Straße 999, 50933 Köln
Infos: www.fc.de/start

bei denen der Geißbock steppt

FC-TORKONTO-AUSSCHANK

Natürlich werden während der Bundesliga-Saison begeistert die Tore mitgezählt. Für jedes Tor, das die Effzeh-Jungs im RheinEnergieSTADION geschossen haben, spendiert die Mannschaft ihren Fans 111 Liter Kölsch. Ausgeschenkt wird die Gesamtmenge dann nach dem letzten Heimspiel der Saison auf den Stadionwiesen. Ein Grund mehr, auf viele Tore zu hoffen!

Adresse: Wiesen vor dem RheinEnergieSTADION, Aachener Straße 999, 50933 Köln
Infos: www.fc.de/start

ELTERN-KIND-TURNIER

Die FC-Fußballschule macht's möglich: An Christi Himmelfahrt können Eltern und Kinder mal selbst auf FC-Terrain spielen. Jeweils vier Kinder und vier Erwachsene bilden bei diesem Turnier ein Team, dazu gibt es ein Extra-Trikot von der FC-Fußballschule und Kinderunterhaltung für zwischendurch. Auch für´s leibliche Wohl ist mit Grillwürstchen und mehr gesorgt.

Adresse: Geißbockheim, Franz-Kremer-Allee 1-3, 50937 Köln
Infos: www.fc.de/fc-info/club/fussballschule/events

FLOHMARKT AM RHEINENERGIESTADION

Stöbern am Stadion: Mehrmals im Jahr gibt es auf dem Flohmarkt hinter dem Rhein-EnergieSTADION Vintage-Schnäppchen zu entdecken. Danach kann man über die Jahnwiesen schlendern und die Atmosphäre im Müngersdorfer Sportpark genießen. Toll!

Adresse: Wiesen hinter dem RheinEnergieSTADION, Junkersdorfer Straße, 50933 Köln

5 Sitzungen und Partys für die tollen Tage,

1

DIE STUNKSITZUNG

Keine Lust auf Mainstream? Die Stunksitzung ist die Mutter des alternativen Karnevals, hervorgegangen aus dem Studentenkarneval. Besseres, frecheres, böseres Kabarett, das das Kölner Brauchtum und die Weltpolitik aufs Korn nimmt und den Sitzungskarneval persifliert, findet man nirgends.

Adresse:
Schanzenstraße 37, 51063 Köln
Infos: www.stunksitzung.de

2

DIE IMMISITZUNG

Wer in Köln lebt, aber nicht in Köln geboren ist, ist ein Immi. Mäht nix, auch Immis können, trotz Verwirrung über die Fallstricke des heiligen Karnevalsbrauchtums, an Karneval ihren Spaß haben. Dafür sorgt die Immisitzung, mit Akteuren aus aller Herren Länder, mit internationaler Musik, schwarzem Humor und genialem Kabarett. Auch für Nicht-Immis schwer empfohlen!

Adresse: Bürgerhaus Stollwerck,
Dreikönigenstraße 23,
50678 Köln-Südstadt
Infos: www.immisitzung.de

bei denen garantiert niemand sitzen bleibt

KÖLLEALARM

Feiern ohne Stoff und Zoff – das ist das Motto dieser genialen Karnevalsparty für Teenager von 12-16, die jedes Jahr an Karnevalsfreitag im Dorint Hotel stattfindet. Ganz ohne Alkohol, aber garantiert mit Bombenstimmung! Mit Livemusik, Kostüm-wettbewerb und natürlich auch dem Kölner Dreigestirn.

Adresse: Hotel Dorint An der Messe, Deutz-Mülheimer Straße 22-24, 50679 Köln
Infos: www.koellealarm.de

DER PAPRIKABALL

Nicht einfach irgendeine Party! Der Paprikaball ist spritzig, bunt und abwechs-lungsreich. Gleich auf drei Ebenen kann man in der ehrwürdigen Wolkenburg am Karnevalssamstag Fastelovend fiere, mit der besten Karnevalsmusik von verschie-denen DJs, aber auch live mit Bands wie Miljö oder Kuhl and the Gang.

Adresse: Wolkenburg, Mauritiussteinweg 59, 50676 Köln
Infos: www.wolkenburg.de/karneval/paprika-ball

DEINE SITZUNG

Es lebe das Mett! – Bei dieser herrlichen Persiflage auf den Sitzungskarneval dreht sich alles um ein kölsches Grundnahrungsmittel: Mett. Mit skurrilem schwarzen Humor sorgt das Sitzungs-Team für angestrengte Lachmuskeln.

Adresse: je nach Termin Brunosaal, Klettenberggürtel 65, 50939 Köln, oder BALLONI Hallen, Ehrenfeldgürtel 96, 50823 Köln
Infos: www.deine-sitzung.de

5 Dinge,

1

SCHULL- UN VEEDELZÖCH

„Was wäre Köln nur ohne Karneval! Neben dem Rosenmontagszug sind die Schull- un Veedelszöch am Karnevalssonntag eine absolute Empfehlung. Deren Route ist mit der des Rosenmontagszugs fast identisch, es gibt viel Musik und kunterbunte Kostüme, liebevoll von den teilnehmenden Schulen selbst thematisch gestaltet, und natürlich Kamelle!"

Tipp: „Die Karten für die Tribünen sind um einiges günstiger und lange nicht so begehrt wie die für den Rosenmontagszug."

(Carolin Smit)

**Infos:
www.koelnisches-brauchtum.de/
schull-un-veedelszoech**

die man als Kölscher Teck unbedingt kennen sollte

KÖLNER KARNEVALSMUSEUM

DAS Museum, wenn man einen umfassenden Überblick über den kölschen Karneval bekommen will! Hier erfährt man in einer farbenprächtigen Ausstellung alles über die historischen Anfänge des Karnevals, das Dreigestirn, Traditionskorps, Kostüme und die besten Karnevalsmusiker im Lauf der Geschichte - und noch vieles mehr. Bei Führungen kann man zudem in der Wagenbauhalle die Zugwagen des Rosenmontagszugs bestaunen, hier werden sie auch gebaut und gewartet.

Adresse: Maarweg 134-136, 50825 Köln
Infos: www.koelnerkarneval.de/festkomitee/
karnevalsmuseum

TIPP
UNSERER
LESER

SPILL ÖM JAN UN GRIET

„Was man dringend in Köln erlebt haben muss – ob als Bewohner unserer schönen Stadt oder als Tourist – ist das Spill öm Jan un Griet an Weiberfastnacht vor der altehrwürdigen Severinstorburg. Das Reiter-Korps Jan von Werth von 1925 e. V. führt hier seit Jahrzehnten die Legende um den armen Knecht Jan und die schöne Magd Griet auf. Besagter Jan wurde von seiner großen Liebe verschmäht, doch durch seine steile Karriere im 30-jährigen Krieg nimmt die Geschichte eine unerwartete Wendung, deren jährliche Darstellung an kölscher Folklore und dem Erleben des echten Kölner Karnevals nicht zu übertreffen ist. Nach der Aufführung beginnt traditionsgemäß der erste Karnevalsumzug der Session durch die gesamte Südstadt."

(Moritz Gerhard von Hebel)

Adresse: Chlodwigplatz 19, 50678 Köln
Infos: www.janvonwerth.de

4

NUBBELVERBRENNUNG

In der Nacht zu Aschermittwoch wird in Köln an zahlreichen Orten eine Strohpuppe, der Nubbel, verbrannt. Er hängt ab Weiberfastnacht über den Kneipen und dient als personifizierter Sündenbock für alles, was man während der Karnevalszeit an Ausschweifungen begangen hat. In einem kirchlich angehauchten Frage-und-Antwort-Ritual wird dem Nubbel der Prozess gemacht: „Wer hat wieder zu viel gesoffen?" – „Das war der Nubbel!" Dann wird er in einem Beerdigungszug zu seinem Scheiterhaufen geleitet und verbrannt, anschließend wird weitergefeiert bis in den Morgen. Ein echtes Highlight der Karnevalszeit!

Infos: www.karneval.de/die_nubbelverbrennung.aspx

5

GELDBEUTEL WASCHEN

Eine alte Karnevalstradition: Am Aschermittwoch ist es vorbei mit dem Karneval – da blutet das kölsche Hätz. Symbolisch dafür, dass man die letzten Tage voll ausgekostet und auch noch den allerletzten Pfennig ausgegeben hat, waschen einige Kölner seit dem 19. Jahrhundert nun ihren Geldbeutel im Rhein aus.

5 Denkmäler, die uns an die faszinierende Kölner Geschichte erinnern

1

TÜNNES UN SCHÄL

Der bauernschlaue Tünnes und der schlitzohrige Schäl brachten bereits im 19. Jahrhundert das Publikum im Hänneschen-Theater zum Lachen. Heute haben sie zudem einen festen Platz in der Kölner Anekdotenwelt. Neben der Basilika Groß Sankt Martin kann man ihre von Wolfgang Reuter geschaffenen Bronzeabbilder in der Altstadt besuchen.

Tipp: Unbedingt Tünnes' dicke Nase reiben, das bringt Glück!

Adresse: Lintgasse 9, 50667 Köln

WILLY-MILLOWITSCH-DENKMAL

Unzählige Menschen hat er in seinem Theater mit Stücken wie "Der Etappen-hase" oder "Et Fussisch Julche" zum Lachen gebracht: Gemütlich sitzt das Bronze-abbild des großen kölschen Volksschauspielers Willy Millowitsch (1909-1999) auf seiner bronzenen Bank. Wer mag, kann sich gerne dazusetzen.

Adresse: Willy-Millowitsch-Platz, Breite Straße, 50667 Köln

DER PLATZJABBECK

Um ihn zu sehen, muss man auf den Alter Markt und dann hochschauen zum Rathaus: Dort streckt einem unter der Rathausuhr ein bärtiges Männergesicht zu jeder vollen Stunde die Zunge heraus. Wahrscheinlich wurde der wilde Geselle im 15. Jahrhundert als Spott auf die an Bedeutung verlierenden Kölner Patrizier gestaltet. Einfach zurück die Zunge rausstrecken!

Adresse: Alter Markt, 50667 Köln

DAS REISSDORF-PÄRCHEN

Kölsch gehört zu Köln – und eine der liebenswertesten Leuchtreklamen dafür findet man, wenn man im Dunkeln vom Rudolfplatz aus die Aachener Straße entlang stadtaus-wärts geht und hochschaut: Abwech-selnd bilden aufleuchtende Neonröh-ren an einer Hauswand einen Mann und eine Frau im seitlichen Profil, die fröhlich ein Kölschglas leeren. Je mehr sich das Glas leert, desto voller wird der Bauch – einfach kultig!

Adresse: Rudolfplatz/Aache-ner Straße, 50674 Köln

DAS JAHNDENKMAL

Teil der Sportgeschichte: Dem Turnvater Jahn ist das 15 m hohe Denkmal am Mün-gersdorfer Sportpark gewidmet. Auf einem Eisenbetonpfeiler thronen vier stilisierte F, getreu dem Turner-Motto: Frisch, fromm, fröhlich, frei. Die grüne Umgebung der Jahnwiesen lädt zu einem schönen Spaziergang ein.

Adresse: Guts-Muths-Weg, 50933 Köln-Müngersdorf

5 Kölner Plätze, die zum Pausieren und Innehalten einladen

1

MAALOT – HEINRICH-BÖLL-PLATZ

„Dieser wunderbare Platz wurde von dem israelischen Künstler Dani Karavan gestaltet. Historisch erinnert er an den Weg, den die Pilger im Mittelalter vom Rhein zum Dom nahmen. ‚Maalot' bedeutet Stufen. Ungefähr dort, wo heute das Stufen-Monument steht, stand früher die Kirche ‚Maria ad gradus' - Maria zu den Stufen. Ich liebe diesen Platz wegen seiner wunderbaren, großzügigen Gestaltung und weil er eine so schöne Verbindung zwischen Dom, Museum und Rhein darstellt. Der Platz lädt zum Verweilen ein. Er ist einfach nur schön!"

(Walter Finger)

Adresse: Heinrich-Böll-Platz, 50667 Köln
Infos: www.maalot.de

2 EBERTPLATZ

„Zum Ebertplatz? Dieser Betonwüste mit Drogenproblem?!"
So hätte bis vor einigen Jahren garantiert jeder Kölner einen Besuch dort entrüstet abgelehnt. Doch die Bürger-Initiative Unser Ebertplatz übernahm und schenkt dem Platz seit 2018 wieder neues Leben, mit zahlreichen Kunstprojekten, Märkten, Mitmach-Aktionen und Gastronomie. Sehenswert!

Adresse: Ebertplatz, 50668 Köln
Infos: www.unser-ebertplatz.koeln

3 HEUMARKT

Ob man ein Kölsch in der Brauerei zur Malzmühle oder im Gilden im Zims trinkt, eine Pizza im XII Apostel genießt oder das Reiterstandbild betrachtet: Der Heumarkt, Kölns zweitgrößter Platz, hat viel zu bieten. Auf dem Platz kann man in einem der zahlreichen anliegenden Brauhäuser sitzen, zum Flanieren in die Altstadt starten oder sich im Winter beim Eisstockschießen auf der Eisbahn versuchen.

Adresse: Heumarkt, 50667 & 50674 Köln

4

GEREONSKLOSTER

„Ein Gefühl, als wäre man in Paris: Der Platz neben der romanischen Kirche St. Gereon verfügt über Bänke und römische Mauern, auf denen man sich niederlassen kann – zum Lesen, zum Schauen, zur Mittagspause mit mehr oder weniger angeregten Gesprächen, zum Dösen, und während in den mächtigen Platanen der Wind spielt, entspannt man und genießt das Leben – eine Insel der Ruhe im quirligen Köln!"

(Helga Tillmann)

Adresse: Gereonskloster 2-16, 50670 Köln
Infos: www.stgereon.de

5

GÜLICHPLATZ

Ein kleiner, sehr friedlicher Platz in der Kölner Altstadt. Architektonisches Highlight ist hier das Haus Neuerburg. 1928 wurde es von dem Zigaretten-Fabrikanten Heinrich Neuerburg als Firmensitz in Auftrag gegeben, in der Gestaltung angelehnt an die alten Patrizierbauten. Erbaut aus holländischem Backstein, bezaubert das Haus, in dem heute das Standesamt untergebracht ist, mit seinem charakteristischen Treppenturm. Auf dem Platz lädt der Fastnachtsbrunnen zum Verweilen ein.

Adresse: Gülichplatz, 50667 Köln
Infos: www.denkmalplatz.de/fastnachtsbrunnen-auf-dem-guelichplatz-koeln

5 Dinge,

ÜBER DIE WEIHNACHTS-MÄRKTE GEHEN

Auf den Kölner Weihnachtsmärkten kommt wirklich jeder in Weihnachtsstimmung: Auf dem Neumarkt bezaubert der Markt der Engel mit leuchtenden Sternengirlanden in den Bäumen, der große Weihnachtsmarkt am Dom mit seinem riesigen Weihnachtsbaum oder der märchenhafte Heinzelmännchen-Weihnachtsmarkt am Heumarkt und Alter Markt mit seiner großen Eisbahn – und es gibt noch viele mehr!

Infos: Start und Stände der Weihnachtsmärkte wechseln jährlich, informiert euch vorher im Netz!

SONNENUNTERGANG GENIESSEN AM RHEINBOULEVARD

„Am Rheinboulevard den Sonnenuntergang anschauen mit Kölsch oder Wein – ein Muss für jeden!"

(Ralf Strotmann)

Von wegen Schäl Sick: Wenn man es sich in Deutz mit Freunden oder allein auf der 500 m langen Freitreppe bequem gemacht hat, kann man einfach nur noch staunen und den perfekten Ausblick auf den Rhein, den Dom und die Altstadt genießen.

Adresse: Hermann-Pünder-Straße 2, 50679 Köln

die man als richtiger Kölner unbedingt getan haben muss

SINGEN BEIM KÖLSCHEN MITSING-KONZERT

Absoluter Kult! Es gibt gleich mehrere Mitsingkonzerte in Köln, zu unterschiedlichen Anlässen von Karneval bis Weihnachten. Und wenn man im Chor zusammen mit hunderten Kölnern die geliebten, altbekannten kölschen Lieblingslieder anstimmt, und ALLE kennen den Text, ob alt oder jung – da geht einem einfach das Herz auf!

Infos: www.mitsingkonzertkoeln.de oder www.heuser-koeln.de

MIT DEM SCHIFF AUF DEM RHEIN UNTERWEGS

Nicht erst seit dem Möllemer Böötche zieht es die Kölner auf den Rhein. Da bietet sich die KD Köln-Düsseldorfer Deutsche Rheinschifffahrt mit ihrer Flotte an, um sich sanft auf den Flusswellen schaukeln zu lassen. Eine Empfehlung ist die MS RheinEnergie, die eine gemütliche Rheinfahrt mit Partys, Konzerten und anderen Events verbindet. Heidewitzka!

Infos: www.k-d.com/de/schiff-chartern/flotte-1/ms-rheinenergie

AUSBLICK VOM KÖLNER TRIANGLE

Wo gibt's den spektakulärsten Blick über die Domstadt? Auf der Schäl Sick! Mit dem Aufzug auf den 29. Stock des Hochhauses tragen lassen und dann aus 103 m Höhe von der Aussichtsplattform den Rundumblick auf den Dom, die ganze Stadt und das Umland in sich aufnehmen. Rundum zeigen Markierungen, welche Landmarken man in der Nähe und Ferne sehen kann.

Adresse: Ottoplatz 1, 50679 Köln
Infos: www.koelntrianglepanorama.de

5 Orte,

HIMMEL & KÖLLE –
DAS MUSICAL ÜBER KÖLN

„Dieses Musical steckt voller Hätzblot un Jeföhl! Es war so toll, dass wir unbedingt noch ein zweites Mal dabei sein wollen! Besser kann man die Stadt nicht erklären, als es diese tollen Darsteller bei Himmel und Kölle auf die Bühne bringen! Eine absolute 1 mit Sternchen! Wir lieben es."

(Jenny Pickelmann)

Infos: www.himmelundkoelle.de

KÖLNER PUPPENSPIELE

„Nicht nur ein Lieblingsort, sondern vielmehr ein ABSOLUTES MUSS! Ich als Oma eines u.a. 5-Jährigen lasse mir für Übernachtungsbesuche immer einen Ausflug einfallen. Mein Sohn erwähnte erst kürzlich: „Es dauert nicht mehr lange, dann schleppst du ihn auch ins Hänneschen-Theater." Woraufhin ich erwiderte: „Ein Kölner Kind MUSS das Hänneschen-Theater kennen!" "

(Andrea Hartmann)

Das urkölsche Puppentheater mit seinen liebevoll geschnitzten Holzstockpuppen besteht seit 1802 und ist fester Bestandteil kölscher Tradition. Mit seiner Puppensitzung, aber auch der Kinderpuppensitzung und weiteren Abenteuern der berühmten Figuren Hänneschen, Bärbelchen, Tünnes und Schäl einfach Kult für Groß und Klein. Natürlich alles op Kölsch!

Adresse: Eisenmarkt 2-4, 50667 Köln
Infos: www.haenneschen.de

an denen das kölsche Lebensgefühl in der Luft liegt

VOLKSBÜHNE AM RUDOLFPLATZ

Früher war sie als Millowitsch-Theater bekannt, in dem Willy Millowitsch mit seiner Familie das Publikum mit kölschen Schwänken amüsierte. Heute bezaubert das liebevoll restaurierte Theater mit einer modernen Vielfalt an Theaterstücken, Comedy-Abenden, Kleinkunst und vielem mehr. Auch das kölsche Musical Himmel & Kölle hat hier ein Zuhause gefunden (s. Punkt 1).

Adresse: Aachener Str. 5, 50674 Köln
Infos: www.volksbuehne-rudolfplatz.de

KLAAF OP KÖLSCH - DIE AKADEMIE FÖR UNS KÖLSCHE SPROCH

Die Kölsche Sproch ist dem Kölner heilig! Über sie wacht die Akademie, und sucht man mal das richtige kölsche Wort, so hilft sie mit eine Online-Wörterbuch aus, bewahrt kölsches Liedgut und Geschichtenschatz. Mit zahlreichen Veranstaltungen op Kölsch tut sie ihr Bestes, Kölsch lebendig zu halten: Töurcher em Kölle un drömeröm, Klaaf em Mediapark und zahlreiche Mundart-Abende sind nur einige davon.

Adresse: Im Mediapark 7, 50670 Köln
Infos: www.koelsch-akademie.de/veranstaltungen

P/OP KÖLSCH

Welthits hören? Gern! Und dann noch op Kölsch? Perfekt! Seit 2010 begeistert Stefan Knittler mit seinem Pop op Kölsch das Publikum. Dabei sind kölsche Versionen der Hits von David Bowie, Nik Kershaw, The Police oder Bob Dylan – jedes Jahr neue, kreative Kracher. Ob im Gloria oder auf dem Achterdeck, allein oder mit Gästen – immer widder joot!

Infos: www.popkölsch.de

5 *Beispiele dafür,*

1

DER BIERBRUNNEN

Seit 1972 steht der Bierbrunnen auf der Schildergasse, direkt vor dem Kaufhof, eine schlanke 8 m hohe Granitsäule, die vage an ein Kölschglas erinnert (meist aber humorig mit ganz anderem assoziiert wird). Ganz in der Nähe stand bis 1858 das Zunfthaus der Brauer, das Gaffelhaus. Aus dem Brunnen sprudelt Wasser, tatsächlich gab es aber auch schon Veranstaltungen, bei denen stattdessen Kölsch daraus floss. Hach, warum nicht immer?

Adresse: Schildergasse, Ecke Hohe Straße
Hohe Str. 41-53, 50667 Köln

2

DIE BRAUHAUSTOUR

Am Dom geht's los, durch die Altstadt zu einigen DER Klassiker unter den Brauhäusern, zum Früh, zum Pfaffen oder ins Sion. Und dabei erfährt man nicht nur alles Wissenswerte über Kölsch, seinen Brauprozess und seine Geschichte, sondern auch einiges über den Kölner an sich.

Adresse: Start der Tour
an der Kreuzblume vorm Dom,
Kardinal-Höffner-Platz,
50667 Köln
Infos: www.koelner-kompass.de/
brauhaustour_koeln

dass Kölsch Lebensgefühl & Bier zugleich ist

DIE WORRINGER BIERORGEL

„Bei diesem Instrument handelt es sich um eine ausgewachsene Pfeifenorgel, die in einem Worringer Getränkemarkt steht. Außer der skurrilen Umgebung hat die Orgel noch andere Besonderheiten, etwa einen Zapfhahn, sodass man mit der rechten Hand und den Füßen Orgel spielen und sich gleichzeitig mit der linken Hand ein leckeres Kölsch zapfen kann."

(Eckhard Isenberg)

Adresse: St. Tönnis-Str. 73, 50769 Köln

BRAUEREI-FÜHRUNG BEI BRAUWERK KÖLN

Wer wissen will, wie Kölsch entsteht, bekommt in der Brauerei Sünner bei Führungen unter verschiedenen Mottos einen Einblick: Vom Hopfen und weiteren Zutaten über den Brauprozess und die Gärung wird alles erklärt – natürlich darf man dabei auch das eine oder andere Kölsch probieren. Im hauseigenen Brauhaus und Biergarten gibt es zudem deftiges Essen.

Adresse: Kalker Hauptstr. 260-262, 51103 Köln-Kalk
Infos: www.brauwelt-koeln. de/pages/brauereifuhrungen

VIRTUELLES BEER TASTING MIT GAFFEL

Wenn man mal nicht zur Brauhaustour vor Ort sein kann, geht's immer noch digital: Die Biersorten bekommt man nach Hause geliefert, dann geht's per Zoom zur Verkostungsrunde, in der man neben Kölsch noch vielfältige andere Biere lieben lernen kann.

Adresse: Zuhause auf dem Sofa!
Infos: www.gaffel.de/beer-tasting

5 Dinge,

1

DIE GLOCKEN DES KÖLNER DOMS - DO KLINGE DE JLOCKE SU PRÄCHTICH UN FING

11 Glocken hat das Vollgeläut des Kölner Doms, jede auf ihre Art einzigartig, von der Pretiosa bis zum Dicken Pitter, der größten freischwingenden Glocke der Welt. Wer die Glocken von ganz nah sehen will, kann das bei einer Führung in den Glockenstuhl tun und dabei viel über Glockenguss und die technischen Hintergründe des Läutens erfahren – und natürlich auch den Klang der Glocken genießen.

**Infos:
www.domfuehrungen-koeln.de/
Glocken**

die den Kölner Dom zur prächtigsten Kirche der Welt machen

DIE SCHATZKAMMER

Den prachtvollen Goldschrein, in dem die Gebeine der Heiligen Drei Könige liegen sollen, kennt man. Doch in der Schatzkammer des Doms gibt es mehr zu bestaunen: Reliquien wie den Petrusstab, Reliquiare und Insignien der Erzbischöfe, Kirchenschätze aus dem 4. bis zum 20. Jahrhundert. Geschichtsfans kommen hier voll auf ihre Kosten.

Infos: www.domfuehrungen-koeln.de/ Schatzkammer

DIE GEISSBÖCKE AUF DER DOMFASSADE

Die kunstvoll in Stein gehauenen Figuren, die die Fassade des Kölner Doms schmücken, erzählen Geschichten von Heiligen, Königen, Kirchenfürsten. Doch am kölschesten sind die gemeißelten Geißböcke. Ja, an der Domfassade ist auch das FC-Maskottchen verewigt, seit der FC 1962 zum ersten Mal den Meistertitel holte. Ein Muss für FC-Fans!

Ort: Pfeiler am südlichen Langhaus des Doms

DAS DOMDACH

Wer wahrhaft schwindelerregende Höhen erforschen will, kann das bei einer Führung über die Dächer des Kölner Wahrzeichens tun. Da geht es mit dem Lastenaufzug nach oben, man entdeckt beeindruckende architektonische Meisterleistungen wie die tragende Dachkonstruktion, erhält einen Einblick in die Arbeit der Dombauhütte und genießt nicht zuletzt den phänomenalen Ausblick.

Infos: www.domfuehrungen-koeln.de/ Dach

DIE KREUZBLUME VOR DEM DOM

Wer sich die Dimensionen des monumentalen Kölner Doms mal so richtig vor Augen führen will, sollte sich neben die 10 m hohe Kreuzblume stellen, die man auf dem Vorplatz des Doms bestaunen kann. Solche Kreuzblumen zieren die Spitzen der Domtürme, wirken von unten filigran und zerbrechlich. Mit ihnen wurden die Türme 1880 nach mehr als 600 Jahren Bauzeit endlich vollendet.

Adresse: Kardinal-Höffner-Platz 1, 50667 Köln

DIVERTISSEMENTCHEN

„Jedes Jahr 30.000 Menschen vor Ort und 200.000 am Fernseh-Bildschirm und in der Mediathek – das Divertissementchen der Bühnenspielgemeinschaft Cäcilia Wolkenburg im Kölner Männer-Gesang-Verein ist eines der größten Kulturereignisse in der Karnevalszeit. Dieses Kult-Event – Insider nennen es liebevoll „et Zillche" (Kölsch für: Cäcilia) – ist weltweit einzigartig: Seit fast 150 Jahren bringt die etwa 100-köpfige Truppe in den Wochen vor Aschermittwoch ein neues „rheinisches Musical" auf die Bühne. Die Geschichte auf der Bühne ist jedes Jahr anders und mitten aus dem Kölner Leben gegriffen. Mit viel Wortwitz und Situationskomik, mit augenzwinkernden Anspielungen auf Lokal- und Weltpolitik und einem mitreißenden Musik-Mix quer durch alle Genres begeistert das Divertissementchen seit 1874 das Kölner Publikum. Dabei wird von der rasanten Solo-Nummer bis zur beeindruckenden Chor-Szene alles live gesungen und von einem großen Orchester und Band begleitet. Natürlich ist jedes Wort auf der Bühne „op kölsch" und alle Rollen – auch die der Frauen, selbst im furiosen „Zillche"-Ballett – werden mit großer Spielfreude von Männern gespielt. Herrlich komisch, schwungvoll und immer wieder unvergleichlich – das Divertissementchen muss man gesehen haben!"

(Simon Wendring/Divertissementchen)

**Adresse: Staatenhaus am Rheinpark, Rheinparkweg 1, 50679 Köln
Infos: www.divertissementchen.de**

Jedem Dierche sin Pläsierche:
Weitere Titel zu Köln und Umgebung

Volker Groß und Jana Schäfer
Die Bucket List für das RBRS-Land
Softcover, 112 Seiten,
Format: 16,5 x 21 cm,
durchgehend farbig bebildert,
ISBN: 978-3-96058-424-7
€ 12,80

Joachim Klang
Köln – Projekte für deine LEGO® Kiste
Softcover, 80 Seiten,
Format: 20 x 25 cm,
durchgehend farbig bebildert,
ISBN: 978-3-96058-269-4
€ 12,99